UN CAMINO CARMESÍ

(CRIMSON PATH)

(POEMAS)

TEONILDA MADERA

UN CAMINO CARMESÍ

(CRIMSON PATH)

(POEMAS)

JALEA REAL 2009

UN CAMINO CARMESÍ

© 2009 Teonilda Madera
Todos los derechos reservados. All rights reserved.

Fotografía de cubierta:
José Vicente Nácher

Diagramación de la cubierta:
Ramón Arnaldo Pimentel Vargas.

Coeditora de la traducción:
Margery Sorock, PhD

Ediciones Jalea Real
To order this book contact: Teonilda Madera
P.O. Box 2108
(917) 623-8518
Teonilda@hotmail.com

ISBN 978-0-615-30325-3
Library of Congress Control Number: 2009908858

Printed in the United States by:
Morris Publishing
3212 East Highway 30
Kearney, NE 68847

Es oportuno decir que *Un camino carmesí* está dedicado a los artistas y a los lectores que siguen mirando la vida de frente; a aquellos cuya línea de pensamiento está más allá del crepúsculo; a los que aman y respetan otras voces aunque sean disidentes, a los que derrumban las barreras que un puñito impone como verdad absoluta. *Un camino carmesí* está dedicado a los críticos: Fausto L. Henríquez, Susana Reyes, Ana Diz, Margery Sorock, Claudio Guillen, Susana Reisz, entre otros, que han dedicado tiempo para formular propuestas hermenéuticas en mi poesía; a los lectores que se sumergen en el libro y extraen una hebra de ellos mismos oculta en alguna página; a los amigos que atenúan los matices obscuros o grises solidariamente; a los estudiantes que a pesar de las limitaciones de recursos didácticos y de la violencia escolar se gradúan. *Un camino carmesí* está dedicado a la Dra. Margery Sorock que tradujo nueve (9) poemas para esta edición. En esta página también deben aparecer los nombres de Marlene Díaz y de Gilvany Suárez, dos colegas que han aportado mucho al Departamento de Lenguas Extranjeras de la escuela DeWitt Clinton y el nombre de Iris Resto que le ha dado apoyo y cariño a los estudiantes bilingües por más de treinta años.

    Finalmente, *Un camino carmesí* está dedicado a mi hijo Kelvin, a María, mi madre, a mis sobrinos, a mi hermano José, a Asia, mi cuñada, y a Jehova Dios que ha sido mi mejor aliado y mí mejor maestro.

Introducción

UN CAMINO CARMESÍ

Un camino que se hace desde la diáspora y la memoria que no cesa.

Introducción

Hay dos claves de lectura, en mi opinión, del poemario *Un camino carmesí* de Teonilda Madera. La primera es lineal y la otra, que exige hilar más fino, es de tipo temático. El lector puede empezar a leer desde el inicio y culminar, sin alteración alguna, con el último poema.

A la hora de comentar la obra no voy a seguir esta primera clave, aunque es, en verdad, más expedita y clara para comprender bien el texto. Sin embargo, la segunda clave de lectura –que me gusta más en el fondo, por exigir una minuciosa clasificación de los textos- nos lleva a sacar a la luz una serie de aspectos que configuran, al menos en el presente poemario, la poética de nuestra autora.

Un camino carmesí, según mi clasificación, puede ser leído desde distintos ángulos. 1. Poemas humanos. 2. Poemas sociales. 3. Poemas de la experiencia. 4. Poemas de la inteligencia emocional. 5. Poemas de la utopía. 6. Poemas y palabras.

De entrada quiero decir que *Un camino carmesí* es un poemario de la diáspora. Digo esto porque, en algún momento, vamos a necesitar de esta precisión para poder apreciar la obra de Madera, que reside en Estados Unidos de Norteamérica. El impacto del mundo moderno y la memoria de la tierra natal se funden sutilmente. Este dato es esencial para valorar el nuevo trabajo de Teonilda Madera. Empezamos.

1. Poemas humanos o de las llamas.

Como modista que no da puntada sin hilada, Madera nos presenta una escena en la que salta a la vista el amor y el erotismo. Octavio Paz[1], en su ensayo *"La llama doble"* abunda magistralmente en la evolución del erotismo en la cultura occidental. La pasión, es un fuego que devora: «Y hubo fuego, mucho fuego / en el sendero que me condujo a tu lado» (La camisa azul).

La experiencia de los sentidos, de los instintos, es algo muy humano. El erotismo puede ser algo refinado, pues, a la vez que es una expresión instintiva, también puede ser una expresión de la libertad. El erotismo no es, de suyo, una donación del sujeto, sino una satisfacción o consumación del placer: «Te fui devorando como una loba [...] y miel destiló el clavel rendido».

En la búsqueda de placer se pueden esconder las más secretas intenciones, como la serpiente que aguarda o «la mariposa dormida / que construye el futuro / bajo la quietud de la noche» (Mariposa dormida).

---

[1] Octavio Paz, *La llama doble. Amor y erotismo* (México: Seix Barral, 2000).

ii

Apuntamos arriba que nuestra poeta escribe desde la diáspora dominicana en Norteamérica. Obviamente, ella emplea su segunda lengua, el inglés, para explorar otras vetas de su sensibilidad creadora. El ejercicio de crear en otro idioma y traducirlo después a la lengua propia, evidencia una capacidad y dotes notables en Madera: «There are very clumsy lovers/ who can barely engage in one or two / combats per week»: «Hay amantes muy torpes / que apenas dan para uno o dos combates semanales» (Clumsy lovers).

Hay, pues, un reclamo de la amante que no se sacia con poco. Deseo, erotismo, pasión que sofocan a la amante, cuyo desafío es grande para quienes, al decir de Góngora, intenten ganar la "batalla en campos de plumas".

El amor, llama que arde y se consume, amenaza con la infelicidad. La pasión, por breve, deja un vacío, un temor: el de perderlo todo. Los célebres versos de Jorge Manrique ilustran mejor lo que queremos decir: "Despierta el alma dormida, / aviva el seso y despierta contemplando / cómo se pasa la vida, / cómo se viene la muerte / tan callando, cuán presto se va el placer, / cómo, después de acordado, da dolor; / cómo, a nuestro parecer, / cualquier tiempo pasado fue mejor".

Porque nuestra poeta sabe que hay amores superficiales, lanza, como la diosa Diana, la flecha contra todo aquello que se quede en la apariencia y las medias tintas: «Yo no quiero amores efímeros; no quiero caricias que no lleguen al fondo; [...] Yo quiero el fuego que arde / en el fogón de Cupido, / una luz resplandeciente, / una lluvia que fecunde las piedras» (Labios cerrados).

El fuego del amor carnal tiene algo de hechizo, de asombro inexplicable. Los amantes se consumen en la llama: «El

iii

velo de tu mirada envuelve el misterio / de los campos floridos; [...] montada en la ternura de tu cuerpo / me bebo tus quejidos / y amanezco sedienta» (Velo amoroso).

La vida oscila entre la poesía y el amor, según el pensar platónico. A veces puede acontecer que un hombre quiera solamente la poesía y el amor, aunque no comprenda, ni acepte, a la mujer que ha acogido en su seno la vida: «The elixir of love is penetrating / her veins; now she has been fertilized / with the desire of his hands. / He cannot understand / that his star is planted in her eyes [...] but she is also weak like a falling leaf / pushed away by the wind».

La poeta, con una finísima veta de erotismo, traduce, a través de la palabra, el ardor que produce el coqueteo de los amantes. La gracia de la autora de *Un camino carmesí*, en lo que concierne al erotismo, es la capacidad de nombrar, de aludir al cuerpo, al acto amoroso, sin caer en lo burdo. Ahí es donde su obra adquiere categoría: «Cierro los ojos; toco mi codo y es el tuyo; / palpo mis axilas, mis costados, mi huerto / toco y encuentro todo lo tuyo en mí; / bajo un poco y me detengo / en la humedad vital y te descubro» (Los prados de Cupido; cf. Juego de la imaginación).

2. Poemas sociales[2].

---

[2] Octavio Paz, *Obras Completas*, Vol. 9, Círculo de Lectores, Barcelona, 1993. Pág. 222: «...La poesía es, ante todo, memoria social, el idioma en su forma más pura y clara. El idioma, cada idioma, no sólo es un medio de comunicación sino una visión del mundo. Y esta visión encarna, por decirlo así, en los grandes poemas. Cuando eso se olvida, la sociedad se olvida de sí misma». Teonilda Madera se esfuerza por encarnar en su poesía la memoria social de su tiempo. De ahí la importancia de su obra.

Un camino carmesí inicia con un poema-homenaje al hermano país de El Salvador[3]. En él se exalta la identidad de su gente, la fuerza de un pueblo con bravura. En la pequeñez de su territorio germina, en consonancia con las demás culturas del continente americano, su gran personalidad: «Este pueblo temerariamente se yergue / desde su semen volcánico [...] Este terruño pequeño / late en un continente / acrisolado de cultura» (Alfa y Omega).

Hay en el terruño salvadoreño un encantador clima humano, un ambiente que subyuga, encandila e inspira. Y ese es el mito del «unicornio ante el espejo». Este primer poema (Alfa y omega) marca, como veremos en estos apuntes, el tono humanista de Teonilda y su profunda sensibilidad hacia el otro y lo otro.

Nuestra autora, que tiene una visión clara de la vida, de la sociedad y del mundo que la circunda, elabora un código en el

---

[3] Cf. Wikipedia (http://es.wikipedia.org/wiki/Terremotos_de_El_Salvador_de_2001): «En el año 2001, El Salvador sufrió dos terremotos con un mes de diferencia entre ellos, el primero se dio el sábado 13 de enero y el segundo el martes 13 de febrero. Dichos sismos afectaron gravemente varios departamentos de la república, trayendo consigo destrucción y pérdidas humanas, siendo el principal símbolo de estas últimas, el alud de tierra que acabó con la vida de cientos de salvadoreños en la Colonia "Las Colinas", hecho ocurrido en el primero de los terremotos. Se estima que la cifra total de fallecidos para ambos terremotos ascendió a 1259». Madera, impactada por el fenómeno telúrico, y de cómo se rehacía la gente, tras su visita a El Salvador el año del sismo, se inspira para cantar al hermano país salvadoreño. Como dato adicional, la autora leyó el poema en El Salvador en el Festival Internacional de Poesía, del 1-5 de julio de 2002. El poema se publicó por primera vez en La Prensa Gráfica de dicho país. "Alfa y omega" es el primer poema de la antología *Poetas por El Salvador* (Poema paseo coral) que dirigió la crítica francesa María Poumier (2008).

cual registra las claves para la convivencia y el bienestar de los individuos. No es posible el desarrollo, el progreso humano si no hay un compromiso tácito de cambiar de actitud ante la muerte, el atraso, la vileza, la inseguridad social, la megalomanía. En suma, el progreso humano es el resultado de un cambio de actitud, de transformación de nuestra mentalidad. «El progreso[4] verdadero lleva / en el primer vagón la dignidad» (Elegía por el progreso).

La preocupación por la Justicia brota en los seres que han logrado comprender los hilos que mueven las estructuras de poder de los hombres. Madera, que se coloca en un plano meridianamente crítico, denuncia la fealdad de los agentes de la justicia y de quienes, avenidos con el mal, trafican con ella aumentando el dolor, la ira y la inconformidad humana. Ciertamente, la injusticia es ausencia de Dios, o, si preferimos, de lo divino, del *ethos*: «vino la Justicia inundada de tiniebla / la desolación lo ocupó todo [...] y el camino se cierra como la noche / más obscura y buscamos la luz» (Sólo dolor; cf.: Camino a la guerra; La franja de Gaza; Rosarios y crucifijos apócrifos).

Los filósofos antiguos hablaban de los cuatro elementos. Jenófanes de la tierra, Tales de Mileto del agua, Anaxímenes del viento y Heráclito del fuego. El origen de las cosas, del cosmos, de los entes, según ellos, depende de esos cuatro elementos. Madera apela a esa analogía para, desde la poesía, hacernos ver que la naturaleza y el cosmos guardan una secreta armonía de la que debemos aprender los humanos.

---

[4] Cf. Yolanda Ricardo, *Magisterio y creación de los Henríquez Ureña*. Academia de las Ciencias, Rep. Dom. Pág. 101. La autora destaca la importancia que tiene el célebre poema de Salomé: "La gloria del progreso" donde habla de «el lauro insigne del saber divino».

Es posible la conciliación entre los pueblos, las razas y las culturas, como es posible el equilibrio en la naturaleza. Nuestra poeta se lamenta de los *bemoles* que se dan en la convivencia humana: «Si fueran mágicas las palabras, / como insisten los poetas, / el mundo cambiaría, / pero digo Paz / y llega la Guerra; / digo luz / y viene la Tiniebla; /digo muerte y llega la Muerte. // Entonces, recuperemos / sólo las palabras sagradas [o sea, el sentido original de las cosas]: tierra, agua, viento y fuego» (Cuerpos diminutos).

El 11-S del año 2001 es un hecho que marcó la historia contemporánea como ninguna otra cosa. La Zona Cero de Manhattan será siempre el lugar donde la seguridad y el poderío de la civilización se han venido abajo como consecuencia del odio humano. A pesar de que ya no contamos con el esplendor de las luces artificiales de las extintas torres, aún el milagro es posible, como canta Antonio Machado en su poema "Olmo viejo".

El río Hudson y el puente Washinton son espacios desde donde se pueden contemplar las puestas de sol más bellas que podamos imaginar: «One who didn't see the Henry Hudson / River become a curd doesn't know what / a marvel is; / one who didn't see it from the George / Washington Bridge / doesn't know what a fallen sky is» (Below zero; cf. Waves of love).

La actividad humana tiene como finalidad satisfacer las necesidades fundamentales, hacernos, en suma, más felices. Ser profesora, como Madera, trasciende el mero hecho laboral o pecuniario. Ella, como la maestra Salomé Ureña de Henríquez, es un vivo ejemplo de mujer que educa para transformar la sociedad. Para Madera una escuela es «el lugar común del porvenir» (No es un trabajo).

La mujer de esta época ha descubierto un potencial en la cirugía estética. La fémina, insatisfecha y vanidosa, busca toda suerte de artes cosméticas para la eterna juventud. Madera se alza contra la cultura del bisturí y les da su medicina: la ironía. Dice de la mujer moderna: «Le levantan el trasero como cola de langosta [...] Grotesco maniquí» (Cola de langosta).

La preocupación social, como hemos venido insistiendo, es una constante en *Un camino carmesí*. Y no es circunstancial. Madera signa con el poema "Areítos" un manifiesto de humanidad y, si me obligo a decirlo, de *amor holístico*. Con la danza y el canto de los tambores indígenas –otra cuña más de la cultura dominicana en la obra de la autora- la poeta entona su propio lamento: «Vengan a mí todos los hombres y sáquenme de adentro el llanto [...] Sáquenme esta aglutinación de niños [...] Sáquenme el dolor[5] dormido en Hiroshima [...] ¡Vengan, recuperen el amor / que cruje en mis venas, / salven lo bueno de humanidad / que me habita». La lectura de estos versos, dicho sea de paso, me acerca a ciertos pasajes nerudianos de "Alturas del Macchu Picchu".

El ansia de un amor duradero, el deseo de felicidad, culmina con un deseo superior, holístico: el bienestar para todos. Todo ser humano está llamado a gozar de los bienes de la tierra: «Yo quiero pan y peces para todos, / una idea que germine progreso, / un amor que se dé a borbotón».

---

[5] Cf. Franklin Gutiérrez, *Antología de la poesía dominicana del siglo XX*. Ed. Alcance, Nueva York, 1995. Págs.334-345). El poeta Mateo Morrison dice en su poema "Aniversario del dolor": «Si van por América a buscar el dolor más profundo / a inquirir por las heridas más antiguas / encontrarán en mi tierra 476 latigazos»; y en "Canción antes del odio" escribe: «Mi historia, es la historia de un niño / que despierta y advierte el mundo como el dolor instituido».

3. Poemas de la experiencia[6].

Nuestra autora, por su parte, toma como material de sus poemas sus vivencias, todas, sin desperdiciar nada que le haya hecho sentir dichosa, plena. Así, por ejemplo, en el Camino de Santiago de Compostela (España) ve montañas que vigilan, nuevos caminos que solamente se descubren cuando avanzas, ávida de experiencias profundas, al tenor de «una flecha amarilla». En este poema (El Camino de Santiago) está contenida una experiencia fundamental de búsqueda, pero también de contrastes y fuertes emociones. Subyace una motivación espiritual que se agranda en la visión poética de la autora. En suma, «El Camino es una vereda muy larga / que sube y baja por el monte / con el sigilo misterioso».

En los viajes conocemos mundo, penetramos en sus secretos. Para el caso, a la poeta le basta estar o recordar su estancia en París para, además de revivir a Vallejo, construir su memoria: «Volveré a París con el equipaje / repleto de ilusiones / a pescar la candidez de una promesa» (Volveré a París; cf. Carita desolada).

En el poema "Piezas de cristal", Madera incorpora elementos netamente cotidianos: «La prisa ha enloquecido los días; / me muevo con la urgencia del tiempo». De una cosa común la artista crea un significado original, algo que, por

---

[6] La Poesía de la Experiencia es una corriente literaria, nacida en España, cuyo auge data de los años 90. Canta lo cotidiano de la vida, momentos concretos de tiempo y lugar. El poeta de la experiencia narra el diario acontecer de forma natural y sin adornos. Luis García Montero, Soledad Olvido Valdés y Luis García Montero son sus exponentes más sobresalientes. Antonio de Villena, con su obra, *"10 Menos 30"* (Ed. Pre-textos, 1997), es uno de los estudiosos de esta poética que acabó en el "realismo sucio".

cotidiano, pasa desapercibido. En el poema "Una maleta" la palabra adquiere una resonancia sencilla, clara, atractiva: «Una maleta es un viaje doble / de uno mismo; / (...) me gusta hacerte la maleta / porque es una forma de irme contigo».

Presente y pasado se miran, se confrontan. Lo que fue, lo vivido es historia. Las costumbres ancestrales, los recuerdos de la infancia, una vez que se desmitifican, pasan a formar parte de un códice apócrifo. Ya no nos parecen sostenibles, por este motivo dice la poeta: «No me trago el cuento de otros tiempos; / soy la vara que mide el vuelo eterno / de las golondrinas que seducen el cielo; / la ceniza del fogón que cocinó tu infancia» (Irracionalidad).

Sin perder su identidad femenina, esto es, su lugar en el mundo como mujer, nuestra poeta retrata lo que ella es en verdad. Cuestiona la cultura maniquí, la cirugía plástica, al mismo tiempo que se sitúa como una más entre sus iguales, pero con una salvedad: que se atreve a ser, a pensar y a actuar de manera distinta: «Esta mujer no es tan distinta a las otras; / de vez en cuando sueña cosas / imprescindibles mientras se pinta / los labios jugosos / y luego, sale a enfrentarse / con el mundo» (Sorbitos de café[7]).

---

[7] Teonilda Madera tiene una obra publicada con este título: "Sorbito de café en paisajes yertos". Yo mismo escribí lo siguiente sobre este poemario: «Es un libro de más pureza del idioma, del léxico. Pienso que es menos denso e importante que el "Van llegando los recuerdos". Hay más profesionalidad en la creación del verso, que es mucho decir. Sin embargo, eso le resta autenticidad a la emoción y revelación poética, cosa que se percibe notoriamente en el segundo poemario. En este tercer poemario se consolida el uso del inglés en su versificación. Asimismo, a caballo entre su nación de origen, Rep. Dom., y Norteamérica, surgen destellos de uno y otro ámbito, predominando la huella de su nacionalidad, la cual exterioriza en el empleo de indigenismos y otros giros dominicanos».

Un camino carmesí es, a fin de cuentas, una obra que retrata los pensamientos, la memoria y los sentimientos de la artista. No es casual que Madera vierta en el poema resonancias de su pasado en dominicana, su tierra natal. A saber: el fogón típico de los campos, el cacareo de las gallinas y el ardor del gallo promiscuo: «obsesionado en la gimnasia sexual»; «¡Hay tantas cosas en el baúl de mi alma / y tanto dolor de mar en el que me hace tiritar» (Repique de campanas).

4. Poemas de la utopía[8].

Ante el dolor, el sufrimiento, la esperanza se torna más cercana, como que vuelve a dar sentido a la vida. La luz del sol aleja las sombras y abre paso al encuentro de los seres. Un corazón a oscuras, esto es, sin alegría, deprimido, solo, verá fácilmente la claridad en la que el amor emerge: «Cada vez que se abre una flor / renace la esperanza [...] Cada vez que el alba rasga la obscuridad / emerge un sol fogoso que busca / desesperadamente dos corazones para reiniciar en ellos el amor». (Detonación)

La tierra es fecunda y en ella germinan los elementos que dan lugar a la vida natural y humana. Nada que tenga vida le es ajeno a la tierra: «Cada vez que llueve la tierra se abre / y la vida germina como el lucero / enamoradizo». La luna, con su magia

---

[8] Pedro Henríquez Ureña, *Estudios mexicanos*. Ed. Fondo de Cultura Económica. México, 1984. Pág. 354: «El pueblo griego introduce en el mundo la inquietud del progreso. Cuando descubre que el hombre puede individualmente ser mejor de lo que es y socialmente vivir mejor de cómo vive, no descansa para averiguar el secreto de toda mejora, de toda perfección. Juzga y compara; busca y experimenta sin tregua; [...] Mira hacia atrás, y crea la historia, mira al futuro y crea las utopías, las cuales, no lo olvidemos, pedían su realización al esfuerzo humano».

de plata, alivia la pesadez de las tinieblas. Para que la noche sea más liviana la luna se vacía de sí misma, «renueva sus votos esplendorosos».

La vida puede verse en peligro con una sola detonación, pero no es menos cierto que la esperanza que renace, el sol que emerge, la vida que germina, la luna que renueva sus votos y el niño que abre sus «ojillos virtuosos» son signos claros de vitalidad, renovación y cambio.

Hay cosas en la vida que pasan desapercibidas a la vista del común de la gente, en el mismo sentido en que pasan desapercibidas escenas al espectador de una película o de una obra de teatro. Unos se conforman con mirar por encima a la Parca, el paso de la muerte, hacer fotos sin más, y otros, los más acuciosos, 'leen el mundo por dentro' como dice en su discurso de recepción del Premio Cervantes, el poeta chileno Gonzalo Rojas.

Esto último es exactamente lo que, a mi ver, sucede con nuestra poeta, quien, no contenta con ver el mundo como un teatro en el que reina la muerte, intenta descifrar con la palabra[9], sus códices más secretos: «Los atlantes de piedra llevan a la Parca / por el aire en el círculo de la vida / que desliza los siglos / que hablan sigilosos a un mundo / que no alcanza a descifrar sus códices». (Circunferencia de piedras).

---

[9] Bruno Rosario Candelier, *La creación cosmopoética*, Academia Dominicana de la Lengua, Rep. Dom., 2005. Pág.30. Aquí explica con gran precisión lo que trato de ilustrar acerca de la actitud auscultadora de Madera: «Entender es inteligir, según la expresión oriunda del latín, *intus legere*, que significa *leer dentro* de las cosas, captar su esencia, comprender el sentido de cuanto existe o acontece».

El poeta, por oficio, hace que el mundo sea más habitable. Construye su obra, el mundo posible, con palabras, muchas veces al límite de la razón, pero al mismo tiempo en el centro del corazón: «Para el que cree, una melodía de confianza [...] Para el poeta, una luna rosada / que enamora las palabras» (Fe pública).

Teonilda Madera, como profesional de la palabra, acaso sin querer, se acerca a la lo que he llamado "*poética de la fábula*" del colombiano Giovanni Quessep, poeta de los sueños. Mientras Quessep construye su universo poético apoyado en la fábula y en los sueños, Madera lo hace al estilo "minuet" musical dentro de su obra. El mundo onírico en *Un camino carmesí* es igual a "soñar despierto", "desear lo esperado", "creer en la utopía": «Sueña amor, sueña; / duerme amor, duerme; [...] Sueña amor, sueña, con gaviotas en el cielo [...] con una vela encendida / en tus pupilas» (Canción de cuna).

La misión del artista, en este caso de la poeta Madera, es interpretar la vida, captar el idioma secreto de los fenómenos y de todo lo de su alrededor para traerlo al poema, a fin de que trascienda y no se quede olvidado en el devenir. El oficio de la poeta es, sin duda: «Abrir, penetrar, encender, arrebatar / la luz cegadora de la incandescente / aurora que rasga la noche y pare soles» (Amanece).

Y en la misma línea, como batiéndose contra los fantasmas de la memoria o la desesperanza: «Alguien dirá que tenía tatuada en el cuerpo / la palabra amor / y que esta ventana que mira al cosmos / sin pestañear se abre al recuerdo / de tus ojos mortecinos [...] la Vía Láctea no se cierra nunca porque / te sigue esperando».

El mundo contemporáneo cabalga entre la fe, el ateísmo y el agnosticismo. Sin embargo, los que perseveran en la búsqueda, consiguen, al final, una respuesta. A veces se camina en la oscuridad, en la duda. Nuestra artista nos viene a decir que, a pesar de no obtener respuestas inmediatas, hay que seguir la búsqueda sin desmayar, hasta encontrar la paz: «The atheist smiles / and elevates a prayer» (Perseverance).

5. Poema de la inteligencia emocional.

No siempre, en lo que concierne a las relaciones humanas, se es correspondido. Cuando una persona sufre, tiende a pensar que el dolor infringido no ha tenido ni tiene otro igual en el mundo. La herida, entonces, duele y te repliega en el temor de volver a confiar y a abrir el corazón. Sencillamente porque cuando el amor sincero no es correspondido queda herido el corazón: «¡Una entrega truncada es una herida!» (Temores infantiles).

No todos los días sale el sol, o, para ser exactos, no siempre brilla el sol. Así pasa con frecuencia con nuestro humor. A veces nos sentimos vulnerables y estamos como a la espera de que alguien salga a nuestro paso y nos regale un poco de luz, de alegría: «Doy la vuelta, otra derrota, / esperando un cogollito de ternura» (Hoy no estoy para nadie).

El poema que encierra el título de este poemario nos ofrece una definición de mujer, es decir, del sexo femenino. La mujer nace dotada para la pasión, pero a la vez no deja de ser un misterio, un arcano que desconcierta, no sé si por enigmático e impredecible o «porque viene de cabeza». La mujer de la que habla Madera es la mujer de todos los tiempos, la conocida y la desconocida, la mujer que existe contra todos los embates de la vida: «Una mujer es un camino carmesí / que se inunda a veces;

/ una mujer es un arcano / que viene de cabeza, / o de pie a estrellarse / en el precipicio de la vida. // Una mujer es un oráculo / acostumbrado a que le lluevan / encima vidas infinitas. // Una mujer es un ciclo de lágrimas / rojas, un acertijo terrenal, / fluvial y material que se abrasa / y se derrama en un paraíso recuperado». (Un camino carmesí).

La ternura y generosidad de la mujer, que se da a sí misma, acunando en sus entrañas un nuevo ser, queda bellamente reflejado en una *oda a la vida, a la maternidad*. La mujer trasciende, con la maternidad, el erotismo, que hemos señalado en el apartado primero de estos apuntes. Una nueva potencia se desvela en la mujer cuando empieza a gestar en su vientre la vida de un bebé: «En el principio sólo fuiste una flor / que se abría en el vientre / con la palabra maravilla en los labios / poblaste los territorios eróticos / y brotó con intensidad la palabra mamá» (Maternidad).

Ni se es feliz cuando se tiene todo, ni se es feliz al perderlo. ¿Por qué?, ¿qué tiene el corazón humano que no se sacia? Nuestra poeta canta la desazón de la vida, sentimiento universal que ella ilustra con estos versos de Petrarca: "¡Infeliz, qué mal prevenido estuve al principio / el día en que vino Amor a herirme".

El poemario se adentra en territorios emocionales, es decir, en vivencias que marcan y condicionan el yo poético de nuestra poeta: «Despierto entre puntadas / de olvidos que cosen la herida» (Agujas para una herida).

Madera pergeña versos que dan fe de su paso por la vida, con el fin de –parafraseando a Neruda- confesar que ha vivido. La incompatibilidad de caracteres es frecuente entre el hombre y la mujer. Cuando una de las partes se empeña, inútilmente, en lubricar la relación, la convivencia mutua, sin fruto alguno, entonces deviene la noche, el silencio, la vida que se convierte en odisea: «Nothing hurt more than a blind man / who can't see the obvious» (Nightmare).

Un camino carmesí da fe de uno de los más sutiles secretos de la poesía de Madera, a saber: la ternura. Un niño despierta, con su pequeñez e inocencia, los sentimientos maternos, el amor más puro y limpio. Hacer feliz a un niño es un acto sublime. Al regalar un juguete a un niño, damos el amor, el corazón: «He comprado un juguete / y el universo se anidó en el pecho; / no pude olvidar el pacto / ni tus ojillos redonditos y / negros como el diamante más puro» (Tu juguete; cf. Wedding`s present; Carita desolada).

No se posee a la persona amada, se la deja libre. Cuando se ama de verdad, no hay posesión, sino libertad: «Si te dicen que me he ido no me sigas / quédate tranquilo; no alborotes / el silencio que he dejado / reposando» (No Alborotes el silencio).

En el fondo, la poeta, y, en verdad, todo poeta, se halla a menudo ante la madrastra de la nostalgia y la tristeza: la soledad. La poesía le sirve a nuestra aeda para inventar un ritmo, una música que la consuele: «¡Oh, inmensa soledad sepulta la tristeza / y haz florecer en el piano una canción» (Delirio). «¡Cansada estoy de venir de tantas partes!» (Obsidiana).

No cabe duda, *Un camino carmesí* ensancha sus posibilidades cuando la autora se expresa, versa, crea, en inglés. Este ejercicio es una forma de construir una atmósfera poética aleatoria. Quiero decir, diaspórica, que oscila entre el ser y el pensar de la artista. Escribir en inglés es otra manera que tiene la poeta de encontrar nuevas maneras de decirse a sí misma, de expresar sus emociones artísticas: «I like when your voice travels my senses; [...] I like to witness the spirit that leans out of your pupils» (At your rhythm; cf. Winter rain). «Absence rains and his rash effigy / rises from shadows; [...] Today everything has your smell: / the wind, my hair, the pillow, my breasts, / my hips, the sea, my tongue / and the stars. Today the day has the smell / of death» (Rain).

Al final de todo sólo quedan los recuerdos. Y ese es el destino del poeta, ser recordado en la obra en el tiempo. Madera hace acopio de sus lecturas y evoca así pasajes de Flaubert, Homero o Bécquer para acabar suplicando por boca de Madame Bovary: «No me olvide Rodolphes» (Recuerdos).

6. Poemas y palabras.

En esta sección incluyo aquellos pasajes que, según los criterios seguidos, no entran en las clasificaciones anteriores. *Poemas y palabras* abarca aspectos de la sabiduría e intuición de nuestra aeda, de su conciencia creadora.

Hay silencios sonoros, que apaciguan, pero a veces hay silencios que aturden. Madera también lo expone como parte de su sensibilidad creadora: «En las gemas del tiempo / enmohecido arde / la ausencia y no hay quien / aguante este silencio» (Gemas).

La sentencia, casi epigramática, lacónica, revela una especial agudeza de nuestra poeta que no se improvisa: «La cotidianidad aniquila; / vivimos plenamente cuando los aplausos / no nos dicen nada» (Academia). «El que ama, no se va nunca, / heme aquí en el poema.» (Así fue; cf. Resurrección).

Nos buscamos a nosotros mismos en el espejo, en el agua, en el silencio. Pero, ¿no será que rastreamos en la poesía aquello que somos? ¿A quién busca la poeta en el agua, a quién sino lo que ella es?: «Caminar al descuido, / caminar, caminar y caminar / hacia uno mismo» (Laberinto de agua).

Si algo tiene nuestra autora es, sin duda, una clara conciencia creadora. Conoce su oficio y se emplea a fondo en él. Sabe que tiene la misión de comunicar, dar a luz el lado inédito de la vida que sólo ella ve. En su afán de labrar la palabra, el verso, ella, con pulso fino, nos sorprende con versos como estos: «Sumerge este canto en tus ojos ebrios [...] ¡Dulce junco mío!, colócame en el cofre de un corazón / que ame intensamente tus navíos» (Tus ojos ebrios).

No siempre podemos nombrar las cosas con la palabra exacta. El oficio del poeta, como acontece con nuestra autora –que es consciente de su misión-, es buscar la palabra justa, la palabra que deslumbra. Y, como artífice del lenguaje, hurga en el nido de su léxico hasta dar con la palabra esperada. Ese esfuerzo vale para cada poema, verso o frase compuesta, ya que están construidos con la palabra más precisa y elocuente: «Busco la palabra sagaz, caliente / que cambie de súbito la vida; / la busco hacia adentro [...] Busco la palabra en la lluvia, / en el río frío y plomizo que se desliza / sigiloso, vigilante por mi ventana» (Una palabra en la lluvia).

La intencionalidad del poema y de las palabras, no es otra cosa, en la mentalidad de nuestra aeda, que el arte de arrullar, calentar, cerrar heridas, hacer más bella la vida y borrar las diferencias. En suma, para embriagarse con palabras como cariño, ternura, fuego, aire, tierra, agua. Las palabras, por tanto, construyen el poema y éste la obra: «Me gustan las palabras que arrullan, que calientan, que cierran heridas» (Los poemas y las palabras).

Nos hemos dado cuenta, en fin, que nuestra autora posee una agudeza extraordinaria. Esta cualidad le permite sacarle brillo y belleza a todo lo que toca: «Envidio a los buzos que se beben el mar / con los ojos y se preñan de corales» (Redes).

7. Conclusión.

Con estos apuntes, que sólo señalan algunas claves de lectura, es seguro que nos hemos hecho una idea del texto que tenemos entre manos. *Un camino carmesí* es un poemario con numerosas referencias a autores –entre ellos los grandes autores universales e iberoamericanos- de la talla de Safo, Alfonsina Storni, Gabriela Mistral, Dulce María Loynaz, Rosalía de Castro, Blanca Varela, Olvido García Valdez, para sólo mencionar a sus homólogas en las letras. Todo ello demuestra el alto nivel cultural de Madera.

Un tema de interés para estudiosos sería cuán profunda es la intertextualidad o influencias[10] de esos grandes autores en la obra *in crescendo* de Teonilda Madera. Asimismo, pienso que sería igualmente interesante un estudio minucioso de su producción en *clave de diáspora* dominicana en Norteamérica, en

[10] Federico Henríquez Gratereaux en su ensayo "*El sembrador de voces*" al hablar de Mieses Burgos, y que viene a pelo con lo que aquí quiero decir, escribe: «Las llamadas influencias son materias culturales que enriquecen a los escritores. Todo escritor está inserto en una tradición cultural en contra o a favor de la cual realiza su obra [...] La influencia es, pues, tan legítima como inevitable. El conjunto de estas influencias en el suelo literario y cultural sobre el que vive un escritor» (cf. Franklin Mieses Burgos, Obras Completas, Colección Bibliófilos, 2000. Editora Búho. Rep. Dom., 2006. Pág. 37).

la que se destaque su creación en inglés y el sentimiento del terruño patrio.

Finalmente, para comprender con mayor amplitud el trabajo de Madera es importante recordar que es autora de los poemarios *Corazón de Jade*; *Van llegando los recuerdos*; *Sorbitos de café en paisajes yertos*. Con *Un camino carmesí* se constituye así en una autora fundamental de la diáspora dominicana en Estados Unidos de Norteamérica y, por lo mismo, en una poeta fundamental de las letras dominicanas.

(Fausto L. Henríquez, Valencia 2009)

La crítica y la obra de la poeta

"Los poemas son cuerpos diminutos que emergen del universo de posibilidades que son las palabras y nos colocan en los planos infinitos de la vida." Esto lo dice Teonilda en la introducción de su libro.

Tal como en el universo físico que actualmente conocemos se habla de un tiempo real y uno imaginario, donde cada decisión surge y abre la posibilidad de miles de oportunidades, cada palabra es actualización de entre miles de posibilidades que anidan en el tiempo imaginario del pensamiento.

Pero a diferencia de nuestras incapacidades humanas ante el universo físico, las palabras, como realidades del universo del pensamiento nos permite ir y venir en el tiempo, o como dice Teonilda: *las palabras sirven para borrar las diferencias y con ellas desandamos los pasos para desenredar la madeja que quedó en la polvareda.* Yo agregaría: las palabras nos permiten también revivir recuerdos, reavivar heridas y a la vez sanarlas, nos dejan resucitar nuestros muertos, en fin, actualizar el pasado en miles de posibilidades que en el tiempo físico son imposibles.

-*¿Cuánto tiempo ha pasado desde entonces?*

Todos los tiempos de la humanidad que soy yo
y marco el tiempo que me toca
con sus orígenes edénicos donde mi tiempo
se hace infinito en la memoria...

A la hora de acercarnos o interpretar la obra poética de un autor lo podemos hacer desde muchos ángulos: la medida, el ritmo, la sintaxis, las figuras, los motivos, el mensaje... en esta ocasión quisiera poder trabajarlas todas, actualizar, pues, desde el plano del lector, todas las posibilidades que el universo misterioso y poderoso de la poesía nos presenta. Como lo más probable es que el tiempo real del universo físico no colaboraría y nos obligaría a irnos pronto, a amenazarnos con la lluvia o a recordarnos que la noche acecha, me conformaré con una de estas aproximaciones: la palabra, como clave, como símbolo, como testigo, como isotopía... la simple palabra que sabe muy bien que en la unión con otras está su fuerza.

Supongo que ustedes, al igual que yo, probablemente conozcan poco de Teonilda. Lo prioritario, entonces, es conocerla y, debido a las circunstancias que nos reúnen, no nos queda más remedio que confiar en sus palabras, que *rasgan el velo de sus labios, salen como gorriones y se meten en los oídos.*

Nadie sabe su procedencia (...)
Dicen que vino del mar
Cubierta de brumas.

A parte de poseer un nombre tan misterioso, poco usual en nuestra latitud y con una música seductora, Teonilda Madera se describe y se sabe *una mujer enigmática /* (que) *debería parecerse a todas /* (pero) *se empeña en ser distinta.* Ella misma aclara más adelante: *Esta mujer no es tan distinta a las otras; de vez en cuando sueña cosas imprescindibles; / se mira al espejo; toma sorbitos de café / mientras se pinta los labios jugosos y luego / sale a enfrentarse con el mundo.*

Y este mundo que enfrenta Teonilda no es más ni menos cotidiano que el nuestro, e igual que el nuestro, el suyo está lleno de recuerdos, de una memoria colectiva que se arrastra, se enreda y a veces pesa, es cierto: *a ella le duelen y le pesan esas memorias* —dice—; pero también hay realidades que se ven, se viven, se crean o simplemente se creen.

Esta mujer es un poco huraña...
Ella que debería parecerse a todas las mujeres
desea intensamente ser distinta;
es temeraria; chocan con ella aunque no esté en el medio.
Lleva todos los hombres adentro;
la siguen hasta la cima; ella guarda un secreto (...)

Teonilda es atrevida en su palabra. El poeta, la poeta, debe serlo, es su deber de poeta responder –responderle, más bien- a su época. *No me trago el cuento de otros tiempos*, nos dice en **Irracionalidad.** En su poesía no vamos a encontrar ni el juego atrevido del poeta con un idioma joven o la figura rebuscada o la exaltación de la belleza idílica. En su palabra hay atrevimiento, hay una búsqueda del enfrentamiento con la cruda realidad; a veces, su palabra es como el espejo ante el cual no cabe más que parafrasear a Serrat y decir que "nunca es triste la verdad, a lo mejor (y digo a lo mejor porque yo sí le daría el beneficio de la duda) lo que no tiene es remedio". Y si no me creen, lean **Cárcel acuática, Modernidad**, o escuchen estos versos de **Areitos:**

Arránquonle los niños a la Violencia,
rescaten a los zagales que yacen
cautivos en las redes del Internet
y de los juegos computarizados
que los condenan a un mutismo
mordaz incapaz de musitar;

> *mamá, papá. Abuelo, amor, Dios.*
>
> *Justifiquen ustedes los gobernantes,*
> *los jueces, los educadores, los pintores,*
> *los poetas, (...) y los músicos,*
> *la mudez y la violencia*
> *colectiva del milenio.*

Pero Teonilda también es ternura, soledad, viaje eterno, donde *Más que la partida, / duele la verdad absoluta de la ausencia... / la interrogante de no saber quedarnos*. La partida y el llegar eternos se convierten en instantes perpetuos, marcas del exilio que ya llevamos en la sangre, que duele y que Teonilda muy bien recoge en **El peregrino de mi tierra**.

> *El quisqueyano peregrino*
> *Sale y entra-,*
> *Vuelve a su tierra,*
> *Abraza a los suyos,*
> *Pero no se queda.*
> *El peregrino de Quisqueya*
> *"vuelve y vuelve",*
> *aunque muchos no quieran.*

Pero volviendo a las palabras y a sus maneras de clasificarlas para un análisis, me atrevería a decir que la palabra clave en esto versos es **efigie**, la cual se impregna de una fuerza a medida aparece, y al final puede confesarnos que el poema mismo es una efigie, una representación de algo ideal, hablando en el sentido de idea que nace en el pensamiento y que toma posesión en algo material o sensorial que pueda representarla. El poema, como marca sensorial, es la actualización, la efigie del pasado que se marchó con una mueca, del presente que se escapa a

cada instante y del futuro que jamás podremos capturar o asegurar en el tiempo físico.
Pero todavía podemos hacer más con las palabras. Ellas pueden ser confesoras de una intencionalidad explícita o implícita en el autor. Como palabra testigo escogería **yertos** por la que me pregunté todo el poemario qué hacia allí, si los paisajes que Teonilda nos deja ver no son yertos. No me cuadra, dije. Pero es que los paisajes a los que llama yertos no son los que yo pensaba. Los paisajes no son los árboles, la abundante flora que aparece en tantos poemas y nos recuerda a ese Caribe que le corre en las venas. En este poemario, una mujer toma un café a sorbos y no mira hacia fuera, sino hacia adentro y allí sí hay paisajes sin árboles, hay soledad, hay recuerdos y estos duelen y pesan. Entonces ella, sorbito a sorbito, como un Picasso surrealista, va pintando de nuevo con aquellas palabras que la embriagan: *cariño, ternura, mansedumbre, amor, fuego, tierra, agua, niño, mamá, papá, hijo, Dios, vida.*

Pero también hablé de palabras que aunque no guarden mucha relación semántica entre sí se relacionan por lo que connotan. Estas son las isotopías. En Teonilda, la barba del amado —en los poemas íntimos—; la flora diversa, los aromas, y los cantos —en los poemas a su origen— forman isotopía de la abundancia y la diversidad con que llena de nuevo el paisaje real y el interior, para quitar la aridez que la soledad, la partida, el regreso sin llegada y también, diría yo, para asemejarlos a la América edénica que asombró a los conquistadores con su extraña forma de enredarse en ella misma: como los árboles que se enredan con otros y con las hiedras, las madreselvas, los san josé, el cundiamor que yo desconocía. Pero también no podemos negar que las palabras se convierten en símbolo de una amalgama que converge en ella (y en todos) y galopa como manada salvaje, rotumbando como canto antillano, milenario, universal. Así, el deseo de despojarse del dolor se expresa en **Areitos** en el que nos ordena:

> Sáquenme esta aglutinación
> *de niños que juegan con tierra.*
> *Liberten los areitos, los tambores,*
> *el laúd, el Cante Jondo, la algarabía*
> *de los hombres sin fronteras.*
>
> *¡Corran, apresúrense,*
> *sáquenme el dolor dormido*
> *de Hiroshima, los cadáveres de Bosnia,*
> *el odio ancestral del racismo!*

Como ven, el tiempo real no nos permite recoger tantos instantes en una sucesión, transponer presente imaginario en pasado real; pero la palabra sí puede ser capaz de lograrlo.

Ahora también sabemos más de Teonilda Madera y ha sido su palabra la que nos ha permitido conocerla.

Susana Reyes
Fundación María Escalón de Núñez
San Salvador, 8 de agosto de 2001.

*"Quiero ser el alba que coquetea
con el campo, el amor salvaje
y tierno de los perros de mi patria,
yo sólo quiero
que me dejen empujar mi canto".*

Registro tenaz, cuaderno de vida, testimonio de una realidad tan dura como espléndida, estos poemas de Teonilda Madera organizan y ponderan el mundo que vivimos, en este fin de siglo.

El suyo es el canto de quien parte de unas pocas, sólidas certezas: una tierra, un mar, la sucesión de invierno y primavera, de quien es voluntariamente dócil a su curso. Su tierra dominicana, que con mano tan segura perfila en escenas vivas de trabajos y de mares, es uno más entre "los pueblos hospitalarios del planeta".

Por eso, quien sabe algo de exilio, no puede sino volver y volver, por ejemplo, a la balada de su peregrino quisqueyano:

>El peregrino de mi tierra
>se llena de coraje,
>vende su cama, sus harapos,
>hasta su yegua si la tiene...
>...
>
>En el trayecto se marea
>lo insultan, lo atropellan,
>lo siguen múltiples dientes,
>el sol lo agota, lo quema...
>...
>
>El peregrino de Quisqueya

se encuentra con la muerte;
la vence, emerge,
pone una tienda, abre bodegas
pasea su Virgen, come pasteles...
...
El quisqueyano peregrino
sale y entra,
vuelve a su tierra
abraza a los suyos,
pero no se queda.
El peregrino de Quisqueya
"*vuelve y vuelve*"
aunque muchos no quieran.

¿Cómo no reconocer al peregrino de su tierra, de la tuya, de la mía, en este quisqueyano que no para de volver?

Nunca reducida a color local ni a objeto de nacionalismo estrecho, Quisqueya es más bien ese sitio firme e interior que le ha enseñado a saber quien es. Desde allí, Teonilda Madera mira un monumento al holocausto, se mete e un cuadro de Picasso o en los ojos de un chico, se interna en los vericuetos de un amor o los de un río. Nada le es ajeno. Hay una voluntaria voracidad que se apropia del mundo para volverlo voz y palabra, para dotarlo de una realidad que de otro modo no tendría. Los ojos y oídos, nunca ociosos, registran. Y a memoria va organizando ese otro orden de realidad en el que Flaubert puede convivir con Bécquer, con Whitman y Martí, los muertos con los vivos, el Hudson con su mar Caribe. Creo que esa apropiación de la realidad es lo que confiere fuerza a estos "versos", como Madera llama a su poesía. Y creo también que la inocencia lucida de estos poemas que protestan y acusan y celebran la condición humana es la que nos empuja a leerlos, la que le gana al desgano, la que nos compromete.

La conciencia social está en los poemas que algún amante de catálogos podría llamar "sociales", pero también está en los poemas de amor, o en el canto a la naturaleza que recorre, a modo de columna vertebral, el poemario entero. Porque nada se separa. Dice en un poema:

Que no profanen la nieve los neumáticos

Y en seguida, en paralelo perfecto,

que no la esclavice mi afán por retenerla.

El primer deseo, que oponía nítidamente naturaleza contra artefacto de la "civilización", se desvanece, o mejor, se complica, cuando con lucidez defiende ahora la nieve contra su propio, humano y natural deseo de posesión de la belleza. Hay una conciencia social, en fin, hasta en algunas instantáneas perdurables del casi inasible momento de una iluminación interior y repentina, volátil e intima, en palabras que nunca transgreden, para fijarla, la fragilidad del instante.

Los poemas denuncian las trampas del poder, las muertes de Bosnia o, en las calles de Manhattan, el hambre, el racismo, la impotencia, la mentira: los proverbiales enemigos. Pero Madera percibe una amenaza aun más poderosa que perfila el milenio: la mudez de la cibernética. Contra esa mudez, que no es silencio, escribe Teonilda Madera este poemario que no calla horrores ni ternuras, que honra el silencio, la voz y la conciencia, este cuaderno de su vida que es también testimonio de la nuestra.

Dra. M. Ana Diz (New York, junio de 1998)

Prologue

Teonilda Madera invites us on an intimate and personal journey along a crimson path, a dark path that becomes illuminated as we travel deeper into the sentiments her poems evoke. The poetess bares herself before her own life and before us. Her consummated and truncated loves, her triumphs and her doubts, her happiness and her sorrows, felt for herself and for the world that surrounds her, find their expression. She defines the poems as "small bodies that emerge from the universe of the possibilities that are words which send us to the infinite spaces of life." No subject is prohibited or censored: the mother-son relationship in *Escombros (Rubble)*, the reproach to a self-centered lover in *Piezas de cristal (Chrystal Figures)*, the plastic surgery required by the cannons of esthetics that modern life imposes in *Cola de langosta (Lobster Tail)*. She is sensitive to the violence of life and the splendor of nature, reducing grandiose concepts to simple, heartfelt words. So in *Detonación (Detonation)* she contemplates the deaths of a flower, the sun, love, the moon and a child. In *Maleta (Suitcase)* we grasp the meaning of this utilitarian object for the traveler and for the woman who packs it and stays home. And in *Perseverance*, written in English, even the atheist feels that he is witness to the greatness of God. *El camino carmesí (The Crimson Path)* shows us the possibilities that the poetess discovered on her journey both inside and out, through her great and small world. And in the confluence of these two worlds her "sparrows" get into our ears and resonate in our hearts.

Margery Sorock, PhD

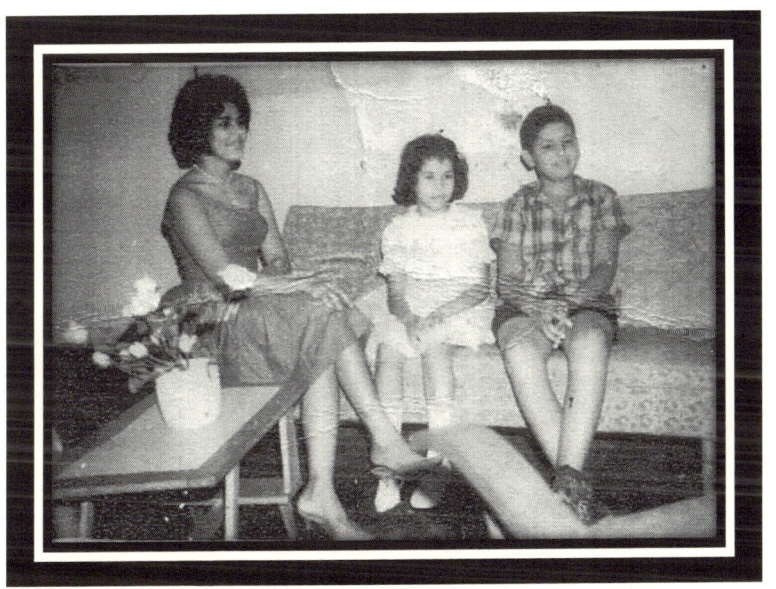

Figure 1: La poeta y su hermano José junto a su madre, María Madera que visitaba a su modista.

" Patria es eso, equidad, respeto a todas las opiniones y consuelo al triste."

José Martí, *Ideario)*

ALFA Y OMEGA

Este pueblo temerariamente se yergue
desde su semen volcánico
y se derrama en montañas, praderas,
ríos y mares sempiternos.

Este terruño pequeño
late en un continente
acrisolado de cultura.

Este país clavado en el pecho
de la gente es una aventura
de sangre y fuego;
es una espada verde
que se levanta como el Izalco.

Este suelo movedizo
con sus *Cuentos de barro*,
con su faro masferreano,
con su Dalton dormido
guarda una historia inquietante.

Esta parcela terráquea
abre sus brazos a la poesía
para recibir como ninfas y como duendes
a los poetas que llegan a entonar
polifónicamente la canción
del alfa y de la omega salvadoreña.

¡Ay, yo no sé, pero esta tierra
se me antoja como el "Unicornio ante el espejo!"

Figure 2: La foto fue tomada en el estudio fotográfico Garpeco para publicarla en el anuario de graduación del Colegio Quisqueya, institución en la que hizo sus estudios secundarios la poeta.

"El hombre tal como lo crea la naturaleza, es algo desconcertante, opaco, y peligroso."

(Hermann Hesse)

DETONACIÓN

Cada vez que se abre una flor
renace la esperanza
de escuchar una melodía universal
que mitigue este dolor belicoso
que lacera.
Cada vez que el alba rasga la obscuridad
emerge un sol fogoso que busca
desesperadamente dos corazones
para reiniciar en ellos el amor.
Cada vez que llueve la tierra se abre
y la vida germina como el lucero enamoradizo
que desafía el tiempo y las rémoras.
Cada vez que la noche se torna siniestra
la luna renueva sus votos esplendorosos.
Cada vez que un niño abre sus ojillos
virtuosos y fastuosos al entorno inhóspito,
dos torrentes se deslizan por sus carrillos
y un llanto agudo se esparce
ante el insólito proceder
del hombre ingenioso que destruye
lo que a la criatura corresponde.
Cada vez que una detonación
oorcona la vida· Mueren la flor,
el sol, el amor, la luna, y el niño.

"...
Non me roubaron, traidores,
¡ai!, uns amores toliños,
¡ai!, uns toliños amores.

Que los amores huyeron,
Vinieron las soledades...
De pena me consumieron."

(Rosalía de Castro, *Campanas de Bastabales*)

LA CAMISA AZUL

Introito I

La iluminación conjuró
la maldición tendida entre nosotros
y el presagio de la muerte del miedo
quedó rendido ante el arrebato
y hubo fuego, mucho fuego
en el sendero que me condujo a tu lado.
Te fui devorando como una loba
y a mi apetito respondieron
tus frémitos enloquecidos
y un torrente erótico llegó de golpe
y bebiéndome los siglos
del amor de un sorbo
olvidé la desazón pasada
y devoré tus instintos
y mis labios humedecidos

exorcizaron la nube negra
y miel destiló el clavel rendido.

Sentí la bastedad del universo
en mí, sobre mí y debajo de mí
palpitando, susurrando un canto
litúrgico que se escapaba de tus labios
y tocamos la puerta de la arcadia
en comunión y fue sándalo tu cuerpo
y azalea el mío y fuimos burbuja,
barro y hoguera que se apagaba
y se encendía.

Introito II

¡Tomé el sino entre mis manos,
puse a tu disposición
el mejor vértice de mi triangulo
y quedaste cautivo!

Luego, al cabo de unas horas, dijiste:
"Todo es una actitud;"
esbocé una sonrisa, no sé si lo notaste,
porque a tu lado estaba la mujer de ébano
que había acudido a tu llamado
con la mejor actitud del mundo.

Introito III

Después, te vi, con la camisa azul,
organizando la maleta
que acentuaba el cielo de tus ojos
donde juegan con el tiempo
los duendes de tus pupilas
y quedé en la habitación,

con una tranquilidad letal
que lo suspendió todo,
acompañada de una botella
de champagne casi intacta,
cuyas gorgoritas se escapaban
para recorrer el lugar
como Cupidos traviesos
que se columpian en la rama amorosa;
te miraba inmóvil como un ídolo
que teme espantar el más sublime recuerdo.
En las paredes de la alcoba,
en las sábanas y en el aire
quedaron esparcidos tus quejidos
y mis gemidos enlazados y humedecidos.

¡Y fui feliz al descubrir la felicidad
de hacer el amor para mí misma!

Figure 3: En una de las jornadas del Camino de Santiago España, 2006.

*"caminante, no hay camino,
se hace camino al andar..."*

(Antonio Machado, *XXIX*)

El camino de Santiago

Es un manto de neblina
que envuelve a los peregrinos;
es un amigo silencioso
que camina a tu lado;
es un sendero milenario
que alberga las huellas
que el tiempo ha plasmado
en el polvo, en las rocas,
en el follaje de los árboles,
en las montañas vigilantes
como dioses impávidos.

El Camino es un llamado de siglos,
una búsqueda eterna, una exploración,
una melodía de bordones
que anuncia pueblos sabios.

El Camino es una vereda muy larga
que sube y baja por el monte
con el sigilo misterioso
de un Santo Sepulcro
como fin.
El Camino es un altar de piedras

que derrumba los obstáculos;
es un crucero que cuelga
el sufrimiento de los transeúntes;
es la esperanza de caminantes
intrépidos que sigue una flecha amarilla.

El Camino es una corriente
de amigos despojados
de banderas y de fronteras;
es la complicidad de almas
que convergen en un sueño.

El Camino es un murmullo de voces;
es la mirada intensa de un sol
que calcina las debilidades;
es una sed de amor
que se sacia en una fuente;
es el ideal que no muere
en el cansancio;
es una ruta hacia uno mismo;
es un horizonte que se ensancha
en el alba.

El Camino es una alegría
que bulle en una jornada que se reinicia;
es una puesta de sol en una espalda
sudada y dolida;
es una proliferación de ampollas
en los pies que se derrama
en el calzado;

es la oportunidad de vivir intensamente
con una mochila, dos cayados
y un montón de romeros
que comparten el mismo sino.

El Camino es un vino añejo
que nos bebemos todos
en nombre de la humanidad;
es un rezo infinito, una danza
de incienso y mirra;
es una hilera humana
que repite con ternura:" !Buen Camino!"

El camino es un campo de olivos,
de girasoles, de puerro, de trigo
(...) donde la vida crece y se reafirma.

El Camino es la promesa a un hijo
que se ama como al mismo hijo de Dios.

(*Rememorando un viaje de peregrinación en España, 2006*)

"caminante, no hay camino,
se hace camino al andar..."

(Antonio Machado, *XXIX*)

THE ROAD TO SANTIAGO

Is a cover of fog
that envelops the pilgrims
is a silent friend
who walks by your side;
is a millenary path
that houses the prints
that time has molded
in the dust, on the rocks,
in the foliage of the trees,
in the vigilant mountains
like dauntless gods.

The Road is a call of centuries,
an eternal search, an exploration,
a melody of staffs
that announce wise towns.

The Road is a very long trail
that rises and falls through the mountains
with the mysterious century
of a Holy Tomb
as its end.

The Road is an alter of stones
that knock down obstacles;
it is a cruise that hangs
the suffering of the travelers;
is the hope of the intrepid walkers
who follow a yellow arrow.

The Road is a current
of friends stripped
of flags and frontiers;
is the complicity of souls
that converge in a dream.

The Road is a murmur of voices;
is the intense stare of a sun
that burns weaknesses;
is a thirst for love
that is satiated at a fountain;
is the ideal that doesn't die
in fatigue;
is a route towards oneself;
is a horizon that widens
in the dawn.

The Road is happiness
that bubbles in a one-day march that begins
again;
is a sunset on a sweaty and painful back;
is a proliferation of blisters
on the feet that spill
into the shoes;

is the opportunity to live intensely
with a backpack, two walking staffs
and a lot of pilgrims
who share the same destiny.

The Road is an aged wine
which we all drink
in the name of humanity;
is an endless prayer, a dance
of incense and myrrh;
it is a human line that repeats
with tenderness : "Good Road!"

The road is a field of olives,
of sunflowers, of leeks, of wheat
(...) where life grows and is reaffirmed.

The road is the promise to a child
that is loved like the same Son of God.

(Remembering a pilgrimage in Spain, 2006; trad. Margery Sorock, PhD)

*"Lo que el árbol desea decir y dice al viento,
y lo que el animal manifiesta en su instinto,
cristalizamos en palabra y pensamiento."*

(Rubén Darío, *Ay, triste del que un día..*)

TEMORES INFANTILES

Una entrega truncada es un suicidio
que hay que evitar para que el amor
no peligre.

Una entrega truncada
es una maldición y una expiración.

¡Despierte en mí tu lirio
que quiero romper tus miedos infantiles!

¡Una entrega truncada es una herida
que nos sigue!

*"La mariposa volotea
y arde –con el sol- a veces".*

(Pablo Neruda, *Mariposa de otoño*)

MARIPOSA DORMIDA

Duerme en la curva vertebral
con un arco iris en sus alas
que invitan al vuelo sagrado
de un minuto de placer;
impávida como una serpiente
egipcia que sabe lanzarse
a la pendiente peligrosa,
aguarda tu embriaguez
con la inocencia pintada,
liba el néctar del adiós
la mariposa dormida
mientras construye el futuro
bajo la quietud de la noche.

Mariposa, incienso, cirios,
jerez, y las canciones irreverentes,
son una ofrenda a tu partida.

"La mariposa volotea
y arde –con el sol- a veces".

(Pablo Neruda, *Mariposa de otoño*)

SLEEPING BUTTERFLY

It sleeps in the curve of the vertebra
with a rainbow on its wings
that invite to the sacred flight
of a minute of pleasure;
calm like an Egyptian serpent
who knows how to hurl itself
at the dangerous slope,
it waits for you to become drunk
with the innocence it wears,
sipping the nectar of goodbye
the sleeping butterfly
constructs the future
under the quiet of the night.

Butterfly, incense, scented candles,
sherry, and irreverent songs,
are an offering to your departure.

(Trad. Margery Sorock, PhD)

"*Extensa y brumosa llanura de granizo
donde se hiela el corazón de los amantes...*"

(Raúl Henao, *Los amantes dormidos*)

CLUMSY LOVERS

There are very clumsy lovers
who can barely engage in one or two
combats per week;
lovers who come with empty hands
and cannot bare the soul
of a woman burning with desire;

Lovers who don't know how to knock or enter
through the door of delirium.
They are very weak lovers
who urgently need a course
in the art of love.

There are very clumsy lovers
who do not light the fire and
who lance pretty glances
knowing they have nothing in return.

What very clumsy lovers are those who commit
suicide!

"Extensa y brumosa llanura de granizo
donde se hiela el corazón de los amantes..."

(Raúl Henao, *Los amantes dormidos*)

Amantes torpes

Hay amantes muy torpes
que a penas dan para uno o dos
combates semanales;
amantes que llegan
con las manos vacías
y que no pueden desnudar el alma
de una mujer que arde de deseo;

amantes que no saben tocar ni entrar
por la puerta del delirio
son amantes muy débiles
que deberían tomar urgentemente
un curso en las artes amatorias.

Hay amantes muy torpes
que no encienden el fuego
y que hacen ojos bonitos sabiendo
que no tienen con que devolver.

¡Qué amantes tan torpes
son estos suicidas!

Figure 4: En el Centro Vasco con el distinguido profesor Ottavio Di Camilo, catedrático del Graduate Center.

*"Hay que saltar del corazón al mundo
hay que construir un poco de infinito para el
hombre."*

(Vicente Huidobro)

Fe pública

Para el que cree, una melodía de confianza;
para el incrédulo, dos jóvenes
que se arrebatan la vida al filo de las navajas;

para el poeta, una luna rosada
que enamora las palabras;

para la violencia, una flor blanca
que se torne amarilla;

para la muerte, una inyección de vida
que la reviva;

para la ciencia, la vejez y el cáncer;
para tus manos, las mías
dispuestas a amar;

para tus labios, tres palabras
que calan profundo: vino, amor y sexo;
y para los locos una cajita de sueños
y un manojo de orquídeas.

"*Mis deseos son infinitos, lastimeros mis clamores; pero tú me salvas siempre con tu dura negativa...*"

(Rabindranaz Tagore, *Gitánjalí*)

LABIOS CERRADOS

Yo no quiero amores efímeros;
no quiero caricias que no lleguen
al fondo;

yo no quiero besos tibios
ni entregas a medias;

yo no quiero labios cerrados,
ni latidos cronometrados,

no quiero poquísimas entregas;
ni un orden rutinario;
no quiero un anillo en el dedo,
ni rosas fertilizadas.

Yo quiero un corazón sin frenos,
unos labios ardientes, un ritmo
cardiaco anómalo,
una música insolente,
una flecha que llegue al centro,

una palabra que me desarme,
una ecuación imperfecta...

Yo quiero el fuego que arde
en el fogón de Cupido,
una luz resplandeciente,
una lluvia que fecunde las piedras,
una luna exclusiva,
un respeto colectivo,
un rosario sin cuentas,
un Jesús sin martirio.

Yo quiero pan y peces para todos,
una idea que germine progreso,
un amor que se dé a borbotón
y la pasión que devora.

Yo quiero liptick escandaloso,
la línea completa de Chanel,
un vestido de seda, un Ferrari del año (...)
porque soy humana, porque soy mujer,
porque los lujos deben ser compartidos.

"*Mis deseos son infinitos, lastimeros mis clamores; pero tú me salvas siempre con tu dura negativa...*"

(Rabindranaz Tagore, *Gitánjali*)

CLOSED LIPS

I don't want ephemeral loves;
I don't want caresses that don't
go deep

I don't want lukewarm kisses
nor halfway surrenders;

I don't want closed lips,
nor measured heartbeats,

I don't want a few surrenders;
nor a routine order;

I don't want a ring on my finger,
nor fertilized roses.

I want a heart without breaks,
ardent lips, an irregular
cardiac rhythm,
insolent music,

an arrow that pierces the center,

a word that disarms me,
an imperfect equation…

I want the fire that burns
in the hearth of Cupid,
a glaring light,
a rain that fertilizes the stones,
an exclusive moon,
a collective respect.
a rosary without beads
a Jesus without martyrdom.

I want loaves and fishes for all,
an idea that germinates progress,
a love that is given in torrents
and passion that devours.
I want scandalous lipstick,
the complete line of Chanel,
a silk dress, the Ferrari of the year (…)
because I am human, because I am a woman,
because luxuries should be shared

                (Trad. Margery Sorock, PhD)

"Tú y tu desnudo sueño. No lo sabes,
duermes. No. No lo sabes. Yo en desvelo,
y tú, inocente, duermes bajo el cielo..."

(Gerardo Diego, *Insomnio*)

CANCIÓN DE CUNA

Sueña amor, sueña;
duerme amor, duerme;
respira amor respira;
levanta tus brazos amor,
levántalos.

Sueña amor sueña
con gaviotas en el cielo,
con una flor disecada en un libro,
con una sinfonía marina,
con mundos exóticos,
con una vela encendida
en tus pupilas,
con una cítara sin tiempo,
con una noche con luna parida
de luceros.

Sueña amor sueña
con la humedad del pecado original
multiplicada, con domingos felices
y con lunes laborales.

Duerme amor duerme,
con historias prohibidas,
con unicornios extraviados,
con ninfas que deliran.

Duerme amor, duerme
 con soles fríos,
con un cuerpo deseado,
con un país sin guerra.

Levántate amor, levántate
que la noche y el día atesoran
en sus vientres nuestros sueños.

"Si alguien quiere saber cuál es mi patria,/ no la busque,/ no pregunte por ella./ Siga el rastro goteante por el mapa/ y su efigie de patas imperfectas..."

(Pedro Mir)

ELEGÍA POR EL PROGRESO

No se rompe la vida con la muerte;
no desvanece la luz donde mora el amor
no se pierde la fe cuando la aurora parte
si nos miramos hasta el fondo.

No se ve el progreso en un país
que calcina el flujo ideológico;
no tiene vigencia la evolución
en medio de los túneles y de las calles
a la deriva;
el progreso sin conciencia pare atraso;
el verdadero progreso limpia las calles de la
vileza
y enseña a andar por la derecha sin vigilancia;

El Progreso verdadero lleva
en el primer vagón la dignidad
como una estrella
que anuncia un nacimiento,

No hay Progreso si los ladrones
siguen hurtando de día y de noche
y los gendármenes no tiritan.

El Progreso es una actitud
que transforma los esquemas mentales
ofreciendo un futuro brillante
que no se pierde en el sufragio.

(Para mi hijo Kelvin)

UN HIJO

Un hijo es un pétalo que florece en la matriz;
un hijo es un dolor necesario que se acuna
indefenso en el velo del vientre
y su presencia es un enigma
que hay que ayudar a descifrar;
un hijo es un manojo de llanto,
un desvelo, un asombro, un sobresalto.

Un hijo es el rocío que oxigena las entrañas;
un hijo es Dios encarnado;
es un río de sangre que no alcanzó a deslizarse;
un hijo es una rama que hay que cuidar y podar
porque un hijo es el árbol de la vida.

*"Flaca esperança en todas mis porfías,
vano deseo en desigual tormento,
i inútil fruto del dolor que siento,
lágrimas sin descanso i ansias mías:"*

           (Fernando de Herrera, Soneto XVIII)

SÓLO DOLOR

A las cinco de la tarde el reloj
derrumbó de golpe el orden;
un sobresalto, un desasosiego
llegó a la línea abismal
de la inconsciencia humana;
vino la Justicia inundada de tiniebla
y la desolación lo ocupó todo;
la vulnerabilidad fue total, la infamia descomunal,
y la ira se hinchó y creció;
se cebó la ira; se volvió loca la ira
y rompió en un santiamén el amor divino
y la anarquía desveló la verdadera cara
del Poder Judicial que produce dolor y oprobio.

La injusticia de la Justicia borra el cielo
y el dolor desaparece a Dios
que se oculta bajo el sol
y en la sombra de la noche
para dejarlo a uno en medio de la nada

de esta nada que lo es todo
y se rompe la vida y las partículas se disuelven
en la impotencia que se ampara en la ley
que no sirve para nada;
la ley que se burla del que la sigue
amparando al que opera contrario a ella
para hacer la verdadera ley que atropella
y la ira engorda en el dolor
y ya ira y dolor son uno
y nos sentimos tan inmensamente
pequeños que pequeño es grande
y el camino se cierra como la noche
más obscura y buscamos luz
como se busca el agua o el oxigeno
y encontramos vinagre y polvo asfixiante
y ya no importa nada porque nada
es la verdad y la Justicia es un maldito invento
que no sirve para nada.

Vacío queda el espacio que estuvo lleno
y a fuerza de creer en uno mismo
lo volvemos a llenar porque no hacerlo es
pernicioso;
no hacerlo es renunciar a todo
y darle paso a la nada, a la injusticia,
y a la ira que destruyen el corazón y la fe
y eso no puede ser, no debe ser,
así no se vive, no se debe vivir así;
es un fastidio enfrentar la vida así;
es inmensamente dañino vivir así,
por eso, pegamos los pedazos
que deja la injusticia de la Justicia

y hacemos el tálamo, y colgamos
los cuadros, y ponemos las sillas bajo
la mesa, y limpiamos los muebles
que limpios fueron
y pintamos uno, dos espacios, y ponemos un
CD,
y nos conectamos a esta máquina magnifica
y escuchamos a Sabina y libamos
una copa de coñac
y nos olvidamos a fuerza de sufrir que hemos
sufrido
que seguimos sufriendo
que somos un dolor inmenso
tan inmenso que se vuelve ternura
que se vuelve amor
que muestra la belleza que surge
del más despiadado
de todos los dolores
y sonreímos de tan ingenuos
que somos y volvemos a sonreír;
y es sábado y no hay más que decir.

Figure 5: La foto fue tomada frente a la escuela DeWitt Clinton y publicada en el diario La Prensa, en Nueva York, conjuntamente con una reseña titulada "Nuestro talento poético" escrita por la periodista María Vega (julio 9, 1995). De izquierda a derecha aparecen Adela George, Kenia Matos, Odalis Cruz y Orlani Rojas que entregaron una placa de reconocimiento a la poeta: *"Por su excelsa dedicación y aporte al desarrollo intelectual y cultural de sus poetas en embrión"*.

"...
Echoes of heroics, and the old fanfares
That still attack us, head and heart-
Far from the assassins of the past,..."

(Rimbaud, *Barbarian*)

CAMINO A LA GUERRA

Más que dos torres, dos ciudades mirando al firmamento
con una isla rendida a sus pies;
erectas, como dos atalayas, sino dos Cíclopes indefensos
rodeados de opulencia en una nación
ocupada en cazar emigrantes en la frontera;
dos historias chamuscadas ante un planeta consternado
que las veía calcinarse en una mañana
infernal que vistió de negro a la Arrogancia
y a la Soberbia de un pueblo
que ha hecho de la bandera un amuleto
que ondula a media asta sus estrellas;
dos glorias de un imperio *"Todo Poderoso"*
que no pudo evitar que le quemaran a sus hijos.

-*"He aquí el resultado*: la Inteligencia
abochornada ante un juego belicoso
que pone las reglas que marcan el sino
de la humanidad."

Los escombros sigilosos, con el vientre
humeante,
mantienen los cadáveres cautivos
negándoles la despedida un 11 de septiembre.

Desde la fosa común piden Paz,
pero los políticos dicen:"Guerra";
desde el gehena en que los sepultaron gritan:
"Amor", pero los demagogos contestan:
"—Venganza y Guerra—";
desde el fondo del sepulcro imploran:
"—Paz, Amor y Vida—",
pero los dirigentes de la contienda
entienden Venganza y Guerra.

Finalmente, una flota de soldados
como lirios, si no, gladiolos tiernos,
zarpan en portaviones camino a la Guerra.

Figure 6: **En la Librería Cuesta, Santo Domingo, República Dominicana (2003); le acompaña la distinguida señora Natacha que dirige la actividad.**

"...
Yo voy bajo los cielos, cadáver de corola,
harapienta y sin rumbos, como cresta de ola,
diciendo a todo viento: pequé,
pequé, pequé."

(Alfonsina Storni, *Confesiones*)

HOY NO ESTOY PARA NADIE

En silencio, con una puerta cerrada de por medio,
a la parte más obscura de la zona
enmarañada de lo ilógico he bajado
humildemente a decirte que te amo.

Doy la vuelta, otra derrota,
esperando un cogollito de ternura
que traiga un día la palabra madre
como hiedra enredada en el árbol
sagrado de la palabra hijo.

Indefinido una vez en la placenta,
jironcito de mi vientre (...)
se quema en el horno de la garganta
este amor que mantienes a raya.

El malestar es un cíclope infructuoso
que se alberga en un clamor divino;

es un rezo, una plegaria, un sobresalto gélido
con sus cuchillos afilados
que traspasa constantemente
el corazón materno.

Se baja al gehena cada vez que mancillamos
las palabras: Dios, hijo o madre.

"Oír tu voz
y comprender quién eres, oh silencio.
En tus dedos tiembla la luz de mi agonía.
El aire de tu voz destiñe el cuerpo.
Pero no en la memoria se reduce
tu encierro,..."

      (José Alejandro Peña, *Oda a la voz más profunda*)

GEMAS

En las gemas del tiempo
enmohecido arde
la ausencia y no hay quien
aguante este silencio.

Figure 7: Recibiendo un certificado que acredita su participación en el *V Congreso Internacional sobre Culturas Hispanas* realizado en la Universidad Alcalá de Henares, España, 1992.

*"Si la sangre también, como el cabello,
con el dolor y el tiempo encaneciera,
mi sangre, roja hasta el carbunclo, fuera
pálida hasta el temor y hasta el destello..."*

(Miguel Hernández)

UN CAMINO CARMESÍ

Una mujer es un camino carmesí
que se inunda a veces;
una mujer es un arcano
que viene de cabeza,
o de pie a estrellarse
en el precipicio de la vida.

Una mujer es un oráculo
acostumbrado a que le lluevan
encima vidas infinitas.

Una mujer es un ciclo de lágrimas
rojas, un acertijo terrenal,
fluvial y material que se abrasa
y se derrama en un paraíso recuperado.

"Inquieto estoy y sediento de cosas lejanas, y el alma se me abre en un anhelo de llegar al fin de las remotas vaguedades. Y tu flauta me llama penetrante, ¡oh más allá sin nombre!, y yo me olvido de que estoy sin alas, preso en esta cárcel para siempre."

(Rabindranath Tagore)

CUERPOS DIMINUTOS

Si digo amor, ¿lo tengo?
Si digo cariño, ¿lo siento?
Las palabras son falsas
como el duende malva
que la inocencia fabrica;
como el semidiós griego
que repetía al oído:
"te amo amor mío",
las palabras son traicioneras
como la dialéctica intelectual
que embruja y que habita
en un yermo frío.

Si fueran mágicas las palabras,
como insisten los poetas,
el mundo cambiaría,

pero digo Paz
y llega Guerra;

digo luz,
y viene Tiniebla;
digo muerte y llega Muerte
digo hambre y llega Hambre
digo amor y viene Soledad
digo silencio y llega Silencio (...)

—Entonces, recuperemos
sólo las palabras sagradas:
tierra, agua, viento y fuego.

"Inquieto estoy y sediento de cosas lejanas, y el alma se me abre en un anhelo de llegar al fin de las remotas vaguedades. Y tu flauta me llama penetrante, ¡oh más allá sin nombre!, y yo me olvido de que estoy sin alas, preso en esta cárcel para siempre."

(Rabindranath Tagore)

SMALL BODIES

If *I say love, do I have it?*
If I say affection, do I feel it?
words are false
like the evil elf
fabricated by innocence
like the Greek demigod
who repeats in your ear:
"I love you, my love,"
words betray us
like intellectual dialectic
that casts a spell and lives
in a cold wilderness.

If words were magic
as poets insist
the world would change,
but I say Peace
and War arrives;
I say light,
and Darkness comes;

I say death and Death arrives.

I say hunger and Hunger arrives
I say love and Solitude comes
I say silence and Silence arrives (...)

"So, let's recover
only the sacred words:
Earth, water, wind and fire."

                (Trad. Margery Sorock, PhD)

"¡Oh llama de amor viva
que tiernamente hieres
de mi alma en el más profundo centro!,
pues ya no eres esquiva,
acaba ya si quieres,
rompe la tela de este dulce encuentro."

(San Juan de la Cruz, *Llama de amor viva*)

ASÍ FUE

El que ama y escribe, no se va nunca,
heme aquí en la llama viva de la poesía.

*"Me moriré en París con aguacero,
un día del cual tengo ya el recuerdo.
Me moriré en París —y no me corro—
talvez un jueves, como es hoy, de otoño..."*

(César Vallejo, *Piedra negra sobre piedra blanca*)

Volveré a París

Volveré a París con el equipaje
repleto de ilusiones
a pescar la candidez de una promesa
que se ahogó en el Sena.

Volveré a París luminosa y radiante
como esa luna que se partió
en dos con su llegada

para mostrar los leñadores de mi infancia;
volveré a París tomada de la mano
y en la Plaza de la Concordia
otros labios acabarán
con el embrujo del recuerdo.

He vuelto a París tomada de la mano;
estoy en la Plaza de la Concordia;
y tú (...), tú ya estás muerto.

"Me moriré en París con aguacero,
un día del cual tengo ya el recuerdo.
Me moriré en París —y no me corro—
talvez un jueves, como es hoy, de otoño..."

    (César Vallejo, *Piedra negra sobre*
    piedra blanca)

I WILL RETURN TO PARIS

I will return to Paris with my baggage
full of illusions
to search for the innocence of a promise
that drowned in the Seine.

I will return to Paris luminous and radiant
like that moon that was cut into
two with your arrival
to show the woodcutters of my childhood;

I will return to Paris led by the hand
and in the Place de la Concorde
other lips will end
the spell of the memory.

I have returned to Paris led by the hand;
I am in the Place de la Concorde
and you (...), you are already dead.

    (Trad. Margery Sorock, PhD)

Figure 8: Junto a un grupo de estudiantes que llevó, con la señora Gloria Rivera, su colega, a Stone Henge, Inglaterra (2004).

"¡Señores! Hoy es la primera vez que me doy cuenta de la presencia de la vida. ¡Señores! Ruego a ustedes dejarme libre un momento, para saborear esta emoción, formidable, espontánea y reciente de la vida, que hoy, por la primera vez, me extasía y me hace dichoso hasta las lágrimas".

(César Vallejo, *Hallazgo de la vida*)

CIRCUNFERENCIA DE PIEDRAS

Los atlantes de piedra llevan a la Parca
por el aire en el círculo de la vida
que desliza los siglos
que hablan sigilosos a un mundo
que no alcanza a descifrar los códices
que observan a los viajeros
que se contentan con tomar fotografías.
Stonehenge: ¡Imponente teatro humano!

"*!Ay sequía, sequía,*
que dejas clara la más densa umbría!"

(Miguel Hernández, *El silbo de la sequía*)

VELO AMOROSO

El velo de tu mirada envuelve el misterio
de los campos floridos;
tu amor conduce a tártaros atajos
que galopan con prisa
un cruce amoroso
hechicero y divino;
montada en la ternura de tu cuerpo
me bebo tus quejidos
y amanezco sedienta.

UNA PALABRA EN LA LLUVIA

Busco una palabra sagaz, caliente
que cambie de súbito la vida;
la busco hacia adentro, en un rincón
de una pagina que aguarda una lectura;
la busco en una sonrisa, en un poema añejo,
en el corazón lacerado de una madre
que no alcanza a poner al hijo a salvo.

Busco esa palabra en la lluvia,
en el río frío y plomizo que se desliza
sigiloso, vigilante por mi ventana.

*¡Tengo a mi disposición tantas palabras
y no encuentro la que busco!*
Necesito sólo una que se aloje en tu centro,
pero no sube; no llega; no se inventa;
no nace y desespero
en la espera de encontrarla.

Un día surge desde el fondo
palabra pa-cien-cia
y cabalga el esófago, la garganta, la boca
y llega hasta los labios, los refresca, los quema.

Una palabra exquisita, rebuscada,
es una pepita de oro en el río
del lenguaje que ilumina el día.

Figure 9: Invitada de honor en un acto celebrado en la Embajada de España, en Nueva York por haber ganado un concurso literario tres studiantes suyos que fueron a hacer la Ruta del Quetzal, actividad que organizó dicha embajada.

A WORD IN THE RAIN

I am searching for a wise hot word,
which suddenly changes life;
I am looking inside, in a corner
of a page that awaits a reading;
I seek it in a smile, in an aged poem,
in the lacerated heart of a mother
who is not able to save her child.
I search for the word in the rain,
in the cold, grey river that slips away silently,
I am watchful through my window.
I have so many words at my disposal
and I can't find the one I am looking for!
I only need one that lives in your center,
but it doesn't come up; it doesn't arrive;
it isn't invented;
it isn't born and I am in despair
hoping to find it.
One day the word pa-tience rises up from the depth
and it rides along the esophagus, the throat, the mouth
and reaches the lips, it refreshes them, it burns them.

An exquisite word, searched for carefully,
is a pellet of gold in the river
of language that lights up the day.

(Trad. Margery Sorock, PhD)

"...
That is the land of lost content,
I see it shining plain,
The happy highways where I went
And cannot come again."

(A.E. Housman, *Into my heart an air that kills*)

La franja de Gaza

Una mujer con el rostro
hacia el Medio Oriente
es un centurión aterrado
que observa los querubines
caídos de la guerra,
y entre judíos y palestinos
la Franja de Gaza es una hoguera
que quema los sueños
de esta mujer que ama
 dos pueblos divididos.

*"¡Inteligencia, dame
el nombre exacto de las cosas!
...Que mi palabra sea la cosa misma,
creada por mi alma nuevamente."*

(Juan Ramón Jiménez, *Eternidades*)

ACADEMIA

Ayer visto hoy es menos negro
—dice la voz interna—
la imagen se desdobla en el agua;
los ayeres tenebrosos se destiñen
y el día reverdece.

La cotidianeidad aniquila;
vivimos plenamente cuando
los aplausos no nos dicen nada;
los momentos de fama pasan
como un arco iris que agoniza.

El ronroneo académico
se lame ante el espejo social
indolente a las necesidades
de sus pupilos;
esta resurrección que soy
escucha los aullidos de los lobos
urbanos que llevan togas
y se coloca frente a la piedra
que cierra su madriguera
y grita: ¡Yo también me acabo de graduar!

Figure 10:Junto al poeta don Pedro Mir que sostiene entre sus manos uno de los poemarios de la autora (1995).

"*Joven, te ofrezco el don de esta copa de plata/
para que un día puedas calmar la sed ardiente,/
la sed que con su fuego más que la muerte
mata...*"

(Rubén Darío, Prosas profanas, *La fuente*)

ROSARIOS Y CRUCIFIJOS APÓCRIFOS

¡Qué pesar, qué angustia,
que sobresalto,
que fracaso social,
qué vergüenza colectiva
dejan los jóvenes que mueren
en los brazos de la violencia!

Me duelen los estudiantes
que las navajas, la pólvora
y las drogas durmieron;
el vacío de las butacas
que ocuparon, me duele;
me duelen sus sueños
chamuscados en las llamas
del terror ganguero;
me duele que no llegaran al otoño
y que sus vidas se apagaran
en rosarios y en crucifijos apócrifos;

me duelen, me duelen
los alumnos que se marcharon
en la primavera;
me duelen los que están
detrás de unos barrotes
envejeciendo en su etapa dorada.

Duelen esos hijos que las madres lloran
como Filomea a la sombra de un álamo dormido;
duele el dolor de las madres que se quedan
con un enjambre de besos en los labios,
 con los brazos vacíos y con los ojos
yertos de pavor ante el hijo que yace
en el féretro para siempre.

"Sálvame, amor, y con tus manos puras
trueca este fuego en límpidas dulzuras
y haz de mis leños una rama verde."

(Alfonsina Storni, "El divino amor")

COMO NIÑOS ARREPENTIDOS

Cuando sólo quede el leve rumor
del recuerdo, escribiré
los nombres de los amantes
que borraron sus nombres al partir.

Cuando no quede nada más
que el murmullo del amor,
escribiré en la luna
las iniciales de los amantes
que fecundaron un poema.

Y cuando el dolor grite a todo pulmón:
"¡El amor no muere nunca!"
Entonces, como un niño arrepentido,
escribiré de nuevo y con mayúscula
los nombres que dispararon
la flecha de Cupido.

Figure 11: Ofreciendo un taller de escritura creativa, en la escuela secundaria John F. Kennedy, en Manhattan, presenta su poemario *Corazón de jade con lágrimas de miel* la señora Dorothy Fronk –Viola, encargada del Departamento de Lenguas Extranjeras de dicha institución (1997).

"...
Gracias a la vida que me ha dado tanto,/ me ha dado el sonido y el abecedario,/ con él las palabras que pienso y declaro,/ madre, amigo, hermano y luz alumbrando/ la ruta del alma del que estoy amando..."

(Violeta Parra, *Gracias a la vida*)

MATERNIDAD

(Para Evan Fabián)

En el principio sólo fuiste una flor
que se abría en el vientre
con la palabra maravilla en los labios
y poblaste los territorios eróticos
y brotó con intensidad la palabra mamá;

tu primera fotografía sonográfica
fue un acontecimiento
que iluminó muchos rostros;
tu madre estaba llena de Gracia
y la vida jugaba en sus entrañas;
y tú pateabas la pelota prodigiosamente.

Rompiste el velo uterino
y la ternura corrió a borbotón,
ahora tus padres moldean tu vida
que es su mayor proyecto.

Tu madre te amará con intensidad,
y escuchará el trino de los pájaros matutinos
con deleite, y cada puesta de sol
será una fiesta para ella
que descifrará el murmullo
de tus sílabas,
y le dolerá el dolor de las madres
que no alcanzan a salvar a sus hijos
en este mundo violento.

"Brilla el césped.
Cae una hoja
y es como la señal esperada
para que vuelvas de la muerte
y cruces con resplandor
y silencio de estrella
mi memoria."

(Blanca Varela, *Luz de día*)

AMANECE

Abrir, penetrar, encender, arrebatar
la luz cegadora de la incandescente Aurora
que rasga la noche y pare soles.

¡La Aurora vestida de colores
enamora los pinceles
y cautiva a los pintores!

Abrir, penetrar bajo el silencio
de un pájaro que emprende
el vuelo sin retorno.

Abrir, penetrar neuronas que guardan
un pensamiento que trasciende
la noche, la luz y la Aurora.

Figure 12: En la Embajada Dominicana de Madrid, España cuando presentaba su poemario, *Van llegando los recuerdos*. Le acompañan en la foto, el distinguido escritor y Embajador, Pedro Vergés, a su izquierda, y Avelino Stanley (1998).

"De cada agujero sale
*una estrella...Terminada
la canción, está la noche
toda estrellada de plata..."*

(Juan Ramón Jiménez, *La flauta y el arroyo*, 10)

VÍA LÁCTEA

Alguien contará, a su manera, la historia
que construí para vivirla;
dirá que flagelé de día y de noche,
los tormentos y la Tristeza;
dirá que escuchaba atenta
el llanto del violín de mi alma.

Alguien afirmará que tenía
el cuerpo tatuado con la palabra amor
y que esta ventana que mira al cosmos
sin pestañear se abría al recuerdo
de tus ojos mortecinos;
dirá que este ventanal
que conduce a la Vía Láctea
permanece abierto porque
te sigue esperando.

"Love, is anterior to life,
posterior to death,
initial of creation, and
the exponent of breath."

(Emily Dickinson, *III, Love*)

STEP BY STEP

How can a simple soul
explain the unknown?
Who can be opened enough to understand
the path of life, the encounter of souls
at a parallel line?
The River of Feelings runs
through out her body;
Socrates and Plato knew
that between poetry and love there is only life.

Emotions and emotions,
like an erupted volcano;
her body received his,
but there was too much stress,
there was too much anxiety
and the lovers gave each other
just a little of what they could give.

Step by step they approached
the road of a new destiny;
her heart is an avalanche;
it's a mountain, and an universal cry;

there is too much in her chest now;
the elixir of love is penetrating
her veins; now she has been fertilized
with the desire of his hands;
he cannot understand
that his star is planted in her eyes;
he thinks is easy to turn around
and say goodbye;
he doesn't realize that she is part of his mission;
she is strong like a ship
made of steal and iron,
but she is also weak like a falling leaf
pushed away by the wind;
he doesn't realize is too late to turn around.

What would she do without the light
that emanates from his eyes?
How could she go back to her old path
and continue life pretending nothing
had happened?
they have a whole universe
to explore yet;
there is a singing bird at the window of her heart;
there is a new story waiting to be written.

She woke up impregnated with his smell;
there are candles, incense,
a garden of roses for them to enjoy.

They cannot extinguish the fire

that is already burning.

She says his name countless time
and then, a symphony plays
a romantic and mystic song
that only they can hear and understand.

She whispers his name
and Zeus and Minerva, the gods
of the Olympus, bless them for ever.

She wrote his name on a book of poetry
and now (...), now they have participated
in an universal ritual.

Figure 13: Compartiendo con algunos escritores, que como ella fueron invitados a un festival internacional celebrado en la Universidad de Sevilla, España; frente a la poeta vemos al escritor José Emilio Pacheco (1998).

"Who has not found the heaven below
will fail of it above".

(Emily Dickinson, *LXIX*)

Below zero

One who didn't see the Henry Hudson River
become a curd doesn't know what a marvel is;
one who didn't see it from the George
Washington Bridge
doesn't know what a fallen sky is;
the floes of ice floated like clouds
to the drift;
the fog rose from the river's entrails
like a celestial veil erasing New Jersey from
Manhattan;
the imposing mysterious, (...), and quiet River
talks;
he saw the falling of the two towers
and now he is shouting day and night:

Figure 14: **En Lehman College acompañada de su primo, el Dr. Franklyn Madera, y del profesor Oscar Montero que presentaba el poemario de la poeta,** *Sorbitos de café en paisajes yertos* (2001).

> *"¡!Infeliz, qué mal prevenido estuve al principio/
> el día en que vino Amor a herirme!"*
> (Petrarca, El Cancionero, 65)

UNA PARCELA EN EL CIELO

Tenía todo para ser feliz:
una muñeca rubia,
un puñado de golosinas,
un pañuelito bordado,
un abaniquito español,
una serenata en la garganta,
un río en el alma,
una hoguera entre las piernas,
un poema en los labios,
la vida derramándose
cuatro días por mes;
tenía rumores de arrebatos
enredados en la lengua,
una parcela en el cielo,
el embrujo de tu voz
y un Jesús revolucionario en el pecho abriendo fronteras
y sin embargo, ya ves,
no alcancé a quedarme con nada.

*"Tan débil es el hilo al que se aferra
mi pensada vida,
que si alguien no la ayuda,
pronto su curso llegará a destino..."*

(Petrarca, *El Cancionero*, 37)

AGUJAS PARA UNA HERIDA

Como aguja que lacera
el territorio de la piel
tus palabras hacen agujeros
en las cavidades picadas
hasta el cansancio
por los dardos de tus sílabas;
despierto entre puntadas
de olvido que cosen la herida.

> " *As I ponder'd in silence,*
> *returning upon my poems, considering, lingering long,*
> *a Phantom arose before me with distrustful aspect,*
> *terrible in beauty, age, and power..."*
>
>   (Walt Whitman, *As I ponder'd in silence*)

Nightmare

It was the darkest night of all;
daggers words were lacerating the chest;
on the floor, where their burned bodies
used to roll, was sadness.

She was senseless like a zombie;
she was a garden without flowers.

Muteness on her lips;
She couldn't find a refreshing word,
she was in front of a powerful hurricane.

Speechless she heard the sentence:"(...)"

Everything turned ugly,
too ugly to be human;
sorrow was incarnated;
life was an odysseys,

but now it's too late
to tell the real story.

Nothing hurt more than a blind man
who can't see the obvious.

A free bird flies without time;
everything fell into an enigma
and love is a nightmare.

There is incense in the air;
there is a wonderful music playing;
her hand wrote some poems
and she is awaking.

Figure 15: Pasando frente a la casa de Ann Frank en Ámsterdam (1999).

"...
Luchando bajo el peso de la sombra,
un manantial cantaba.
Yo me acerque para escuchar su canto,
pero mi corazón no entiende nada".

(Federico García Lorca, *Manantial*)

Laberinto de Agua

Transitar la ciudad con un pedazo
del MOMA en la retina;
recorrer las calles gélidas
con un silencio que calla
el ruido mundanal;
meterse en la autopista con el río
que ahoga las penas de turno a la derecha;
caminar al descuido,
caminar, caminar y caminar
hacia uno mismo.

Una canción de fondo,
los cirios blancos en son de paz
y el cofre de la memoria
se abre y viene, desde Washington,
Lincoln con un puño abierto y otro cerrado
en la conciencia;
la vida es una burla gigante,
una náusea cotidiana, un laberinto de agua,

un sube y baja que nos sorprende siempre
como un lagarto que no duerme;
es sábado y ya se escucha
la turbina de un avión
que alzará vuelo mañana
y yo (...) yo me quedo en el diván
atenta a un pasajero
que se lleva tantas posibilidades...

"...
*Tras el cristal ya gris la noche cesa
y del alto de libros que una trunca
sombra dilata por la vaga mesa,
alguno habrá que no leeremos nunca...*"

(Jorge Luis Borges, Límites)

Resurrección

Sino fuera porque estás leyendo este poema,
mi existencia sembraría
una duda; pero lo lees y la duda , sombra y la
muerte se disipan.

*"...
siguió quemando incienso en su locura,
de la torpeza ante las negras aras,
hasta rodar en el profundo abismo
fiel a su mal, de su dolor esclava."*

(Rosalía de Castro, *En las orillas del Sar*)

ESCOMBROS

Te di el vientre para que crecieras en él;
mi pecho para que te alimentaras;
mis manos para que no te cayeras,
mi empeño en hacerte un ente
de bien te di;
quité los escombros del camino
para que no te lastimaran;
te di mi sueño esperándote
en una ventana hasta que el alba
partía en dos la noche;
bajé con mis manos tus fiebres;
el corazón entero te di;
te di mi risa y mi alegría;
te di mi apoyo incondicional;
te lo di todo: ¡Fui la peor progenitora!

"...
siguió quemando incienso en su locura,
de la torpeza ante las negras aras,
hasta rodar en el profundo abismo
fiel a su mal, de su dolor esclava."

(Rosalía de Castro, *En las orillas del Sar*)

RUBBLE

I gave you my womb so you could grow in it;
my breast so you could be fed;
my hands so you wouldn't fall,
my determination to make you a good folk,
I removed the rubble from the road
so it wouldn't cut you;
I gave up my sleep waiting for you
at the window, until dawn
divided the night in two;
I stroked away your fever with my hands;
I gave you my entire heart;

I gave you my smile and my happiness;
I gave you my unconditional support;
I gave you everything.
I was the worst progenitor.

(Trad. Margery Sorock, PhD)

Figure16: En China con un grupo de profesores que hicieron también el viaje (2002)

"...
Antes que el sol levante,/ la loma baja un triunfo
de esmeraldas,/ un triunfo de sudores,/ un triunfo
de trabajo,/..."

(Pedro Mir)

Piezas de cristal

Llego a ti pensándote;
me miro en tus ojos
que le robaron la tranquilidad
a los míos en una noche torrencial
y no comprendo nada.

Llegas en cualquier momento
reclamando un espacio
y entonces, todas las cosas se apartan
y tú ocupas mi universo.

Esta mañana mientras corría
vertiginosamente
la autopista del New Jersey Turn Pike
apareciste en la cúpula de los árboles,
en el sol tibio y radiante que tenía
frente a mí y un volcán se dibujó
en la cima de lo sublime.

La prisa ha enloquecido los días;
me muevo con la urgencia del tiempo

y la corriente de agua
bajo el puente me refresca.

Me pluralizan las obligaciones
y siendo tan diminuta, tan frágil,
tan vulnerable a tu ausencia
me pierdo en el tumulto de las cosas.

Se me antojan tus manos de heno,
tu boca breve
y tu sonrisa mientras manejo.

La casa va tomando forma;
cuelgo los cuadros con tus ojos;
pongo un detalle aquí o allá
con tus manos;
coloco las piezas de cristal
con sutileza y entonces,
la casa que te espera
es más tuya que mía
frente a este sol recién nacido
que te evoca camino al trabajo.

"... Cuando te traigo juguetes de colores, comprendo por qué hay tantos matices en las nubes y en el agua, y por qué están pintadas las flores tan variadamente..."

(Rabindranaz Tagore)

(Para Gavin Morales, a quien amo porque lo siento mío)

Tu juguete

He comprado un juguete
y el universo se anidó en el pecho;
no pude olvidar el pacto
ni tus ojillos redonditos y
negros como el diamante más puro.

Fue difícil escoger
estando de por medio un hijo,
pero tus bracitos en mi cuello
y tus jerigonzas
pesan tanto que aquí lo tienes
niño mío.

No hay nada más estimulante
que un amor inocente
en este mágico parque
hecho a la medida de tus años;
te llevé conmigo niño de ensueños,

niño de turrones de azúcar,
niño divino que puedes evitar
una muerte prematura.
Fuiste en este corazón
hecho jirones a Disneyland
y escribí las cinco letras de tu nombre
en el Mundo de Miniaturas,
en la sillitas voladoras,
y en cada espacio recorrido.
Compré el regalo porque el deber
y el amor que habitan en el fondo del alma
pesan igual que la sangre.

Wedding's Present

Love has spread its wings
like a marvelous bird
among two remarkable people.
Love has shown an universal light
of happiness on two mate souls.
This Love is a flower
impregnates of sensitivity
in the garden of beauty.
If I were to give another name
to Love tonight it would be **Evelyn** and **Savas**:
two hearts in one; two souls in one;
two passions in one.

Their love is a burning flame
strong to warm themselves; their children
to come and their relatives and friends.
This Love came and broke down
language and cultural barriers
and its seed has flourished
in two tender hearts with esteem and affection.

Today on the first day of the ninth month
the pact of love has been made
between **Evelyn** and **Savas**
and the symbolism of the first day
of the ninth month is mystic.

The number One is force and abundant life
b'cause it represents the Father
and the "Center" of the creative power.

The married couple wisely
started their new life
with the number One
which is the beginning cycle
of an eternal love.

Evelyn and **Savas**, I bet you know
that today you have been surrounded
by a current of love that emanates
from your hearts and from the hearts
of each of the individuals who have come
to witness and enjoy the sacred ritual
of your blending and I would like to remind

you that from now on you shouldn't forget
to keep the candle of love
lighted up every day and night.
This doing will become a light house
for humanity and an exceptional example
to be replicated by others.

      (September 01, 2007)

"...
How many loved your moments of glad grace,
And loved your beauty with love false or true;
But one man loved the pilgrim soul in you,
And loved the sorrows of your changing face".

(William Butler Yeats, *When you are old*)

Un hombre que se borra

Con el brazo derecho amputado,
con la boca abierta como un lagarto
haciendo ruidos horripilantes
un hombre que ayer era completo
es hoy una sombra de uñas
carcomida de diabetes
en el asiento de un avión
de doble A ensaya el sueño eterno.
"El día muere y cada uno se traga su ración",
pienso al lado del moribundo.

Los prados de Cupido

Metido en el brebaje de delicias
que derraman mis ríos vives;
leo el poema, llama de fuego sagrado,
que sale febril de los prados de Cupido
y afirmo: resucitados comprobamos
que el amor no muere y que el horizonte
no es esa línea que divisamos.

Cierro los ojos; toco mi codo y es el tuyo;
palpo mis axilas, mis costados,
mi huerto toco y encuentro todo lo tuyo en mí;
bajo un poco y me detengo
en la humedad vital y te descubro;
todo en mí tiene tu aroma
que conduce al nirvana;
daría con gusto esta mañana majestuosa
por una de las palabras
que en este instante sale de tu boca.

¡ES PELIGROSO AMAR CON TANTA
INTENSIDAD!

"De igual modo que la tierra, no importa lo fértil que sea, no rinde fruto si no es cultivada, así sucede con la mente sin enseñanza".

(Cicerón, Disputaciones tusculanas, II.iv)

No es sólo un trabajo

Es el vergel donde crece
el futuro juvenil;
es el suelo donde brota
la chispa que cambia
el rumbo de los pueblos.

No, no es sólo un trabajo;
es el descubrimiento,
el contacto directo con las semillas
de los frutos humanos.

No, no es sólo un trabajo;
es un plantel,
el lugar común del porvenir,
la esperanza de un mundo balanceado,
el sendero que conduce al éxito,
la luz que ilumina los acantilados
del entendimiento,
la aventura de un día mejor.

No, no es sólo un trabajo;
es el privilegio de transformar vidas

en un mundo convulsionado,
marcado por el horror
de la violencia que engendra muerte.

No, no es sólo un trabajo;
es el jardín donde el maestro
planta los sueños y las ilusiones
que gestarán un mundo mejor .

Figure 17: Junto a Nadine Godimer, ganadora del Premio Nobel, en una ceremonia en que la escritora africana recibió la llave de la ciudad de Nueva York.

"*Los que me aman en este mundo hacen todo cuanto pueden por retenerme; pero tú no eres así en tu amor, que es más grande que ninguno, y me tienes libre.*"

(Rabindranaz Tagore, Gitánjali)

No alborotes el silencio

Si te dicen que me he ido no me sigas,
quédate tranquilo; no alborotes
el silencio que he dejado reposando;
párate frente a la ventana
que se abre al cielo;
liba una copa a tu salud
y no pienses en mí
que los muertos se unen
a los amantes eternos
y a esta hora yo ya escogí
el mío.

Figure 18: Ofreciendo un taller de escritura creativa en la
Escuela Argentina de Queens, NY.

La belleza mundana es un rayo que se va
apagando.

(T.M.)

Cola de langosta

La beldad de la mujer moderna
es artimaña del bisturís;
altiva y desinhibida,
entra al quirófano,
se pone en las manos de la ciencia
y encomienda al cirujano sus imperfecciones;
sin temor alguno le cosen los párpados;
le colocan los implantes en los senos ;
le levantan el trasero como cola
de langosta; le llenan los labios de colágeno
y le aplanan el abdomen.

Lisonjera luce el pecho arrebujado
en el escote;
con soberbio desparpajo ofrece
su sonrisa de colágeno
al macho cabrío que queda absorto
del encanto femenino;
sin rubor alguno exhibe las uñas acrílicas,
las coloridas lentillas de contacto y sus
extensiones
de cabello postizo;
como una pava real ostenta,

con picardía, su despampanante belleza
y el macho cabrío esboza una sonrisa,
satisfecho ante el objeto del deseo
que se subyuga solo.

El grotesco maniquí
disimula a fuerza de cosméticos
y de la vestimenta de turno
el fracaso de la ciencia;
debajo del sostén crece
el cáncer;
entre la línea divisoria del abdomen
y de los vellos eróticos serpentea
un cinturón de keloide;
el colágeno del labio superior
se ha inclinado a la derecha
y la sonrisa se torna en una mueca;
las extensiones le han dejado
un par de luceros en el cuero
cabelludo; este prodigio de la ciencia
se para frente al espejo,
vestida, por supuesto,
y levemente sonríe, satisfecha
del canon estético que impone
la modernidad.

"...
*I tore my shirt; I threw away my tie.
Dreamy Hop o' my Thumb, I made rhymes...*"

(Rimbaud, *Wandering*)

Juego de la imaginación

Es un recuerdo erótico,
una propuesta al Sur,
una réplica fálica,
una espada en el pecho,
un misil que gravita,
una escala social,
un péndulo en el cuello,
un camino que conduce al trabajo,
una opción de muerte,
un nudo de amor o de amistad,
una trilogía silábica,
y un sonido de siete letras.

Figure 19: De derecha a izquierda, Carlos Fajardo Fajardo (Colombia), Ezequiel D'Leon Massi (Nicaragua), José Estuardo Álvarez (Guatemala), Edgar Allan García (Ecuador) y Pablo Menacho, (Panamá, tertuleando con la poeta.

"No cierres aún esa maleta
sin antes guardar mi corazón
que cabe entre tus cosas más amadas
aquel poema y mis cartas de amor..."

(Alberto Cortez, La maleta)

Una maleta

Una maleta es una organización forzosa;
es una aventura cerrada;
una maleta es un nido íntimo
de secretos;
es un montón de posibilidades
que se abren en otro espacio;
una maleta es un viaje doble
de uno mismo;
(...) me gusta hacerte la maleta
porque es una forma de irme contigo.

"No cierres aún esa maleta
sin antes guardar mi corazón
que cabe entre tus cosas más amadas
aquel poema y mis cartas de amor..."

(Alberto Cortez, La maleta)

A SUITCASE

A suitcase is forced organization;
it is a closed adventure;
a suitcase is an intimate nest
of secrets;
it is a pile of possibilities
that are opened in another space;
 a suitcase is a double trip one takes;
 (...) I like to pack your suitcase
because it is a way of going with you.

(Trad. Margery Sorock, PhD)

Figure 20: Junto a un grupo de poetas de cinco continentes que participaron en el 1er Festival Internacional de Poesía de El Salvador (julio 1-5, 2002).

"Puede ser la hoguera de la casualidad,
El paladar de un vacío. Fugaz en el hallazgo/ los
cuerpos aterrizan".

(Pedro López *Adorno, Viajes del cautivo*)

IRRACIONALIDAD

No me trago el cuento de otros tiempos;
soy la vara que mide el vuelo eterno
de las golondrinas que seducen el cielo;
la ceniza del fogón que cocinó tu infancia.

No me trago el cuento de otros tiempos;
eructo y salen magnolias a perfumar
el aire vigilante que empuja los recuerdos.
una tos atosiga la ventana de impureza;
una luz infinita se refugia en un Hoyo Negro;
un estornudo espanta al pájaro
que traía tu mensaje.

No me trago el cuento de otros tiempos;
abro inmensamente la boca
y salen las Cuatro Estaciones
de Vivaldi colgadas del pincel
de Van Gogh que clona el mundo.

Hago un paréntesis y escribo en el papel:
¡No lo dudes, esto es poesía!
tu barba se mojó cruzando el Sena.
—La vida es un suplicio

cuando el Amor escapa—

(dijo una voz anciana que pasaba)

Continuo:
Las cuentas del rosario se zafan
y los Padrenuestros y las Avemarías
que prometiste en la catedral parisiense
recobran su libertad. Tomas las mira
incrédulo y repite:

!No me trago el cuento de otros tiempos!

"Dicen
que el primer amor es el mas importante.
Eso es muy romantico,
pero no en mi caso.
Algo entre nosotros hubo y no hubo,
sucedió y tuvo su efecto.
..."

(Wyslawa Szymborska)

Tus ojos ebrios

Sucumben en este atardecer
los rumores de las campanas
y la tarde muere invitando a morir;
la lluvia encoge la piel de onagro
que envolvía un te amo
y sumerge este canto en tus ojos ebrios
que se adhieren a este juego
enloquecedor que nos arrastra
hacia la cumbre
y llueven en mi las nubes
y el río recobra su fuerza
y su libertad para seguir
las corrientes encadenadas
que calman esta sed.
¡Dulce junco mío!,
colócame en el cofre de un corazón
que ame intensamente tus navíos,
mis distancias, tus girasoles
mis palomas, tus brasas risueñas,
y más allá tu voz

revoloteando el día, el crepúsculo,
los cerros, los montículos, las montanas
que trepidan en el fuego sagrado
de tu desnudez oceánica
ebria del néctar que se desliza
por mi universo triangular
donde la sonrisa vertical aguarda
tus ojos ambarinos
donde el sol se oculta
en el delirio embriagador de tu aliento.
Desarraiga, por favor, tus recuerdos
purpúreos; recobra tu llbre albedrío;
siembra en mi la vida
y escuchemos cómo se debilitan
las campanas:
vamos a abrir surcos para las orquídeas.
¡Oh, tu lejana lejanía desvanece tu efigie
y mi alma chamuscada
en esta espera infinita (...)!
A lo lejos, la luna se bebe de un sorbo
la nostalgia y tu emerges
de nuevo en el cielo
con tus ojos almendrados
para entregarme una azalea
y tus labios dorados y cobrizos.

"...
No la interrogues nunca.
Que ella nada puede
decirte..."

(Fernando Pessoa)

Sorbitos de café

Nadie sabe su procedencia (...)
dicen que vino del mar
cubierta de brumas;
en su piel traía perlas negras
y tesoros hurtados por Drake;
tiene el mar en su lengua
esa mujer enigmática
que debería parecerse a todas
se empeña en ser distinta (...)
es extraña como el bambú
del Viernes Santo y franca
como la entrega de los perros callejeros;
es dulce como un te quiero entrecortado.

Esta mujer no es tan distinta a las otras;
de vez en cuando sueña cosas imprescindibles
mientras se pinta los labios jugosos
y luego, sale a enfrentarse
con el mundo.

Sus congéneres, casi siempre chocan
con ella sin que este en el medio.
A ella le gusta el mar de afuera.

Escucha a Juan Luis Guerra,
a Enrique Chia, y a Mercedes Sosa.
Esta mujer es todas las mujeres
de otras épocas;
lleva en su bolso su historia:
una ramita de olivo, un abaniquito nacarado,
un jabón Maja, unas hoja amarillentas.

Esta mujer se bebe el llanto de los sauces
y sus ríos internos crecen impetuosamente.

En su ignota memoria encontramos
la partida de Ulises, la Relatividad
de Einstein, las Guerras Mundiales,
el Holocausto, el amor de Penélope,
las computadoras, los hijos de la violencia (...)

A ella le duelen y le pesan esas memorias.

Esa mujer es un poco huraña;
ella que debería parecerse a todas
se empeña en ser distinta;
es temeraria; chocan con ella
aunque no este en el medio;
lleva todos los hombres adentro
y la siguen hasta la cima; ella guarda un secreto
(...)

Los poemas son gorriones que se meten en los oídos

Los poemas son cuerpos diminutos que emergen del universo de las posibilidades que son las palabras y nos colocan en los planos infinitos de la vida. Los poemas son cómplices de las palabras que se abren en la garganta como las magnolias que dan a mis ventanas. Llegan como una fogata, como la brisa, como las olas impetuosas a estrellarse en el acantilado de la sangre. Las palabras tienen magia, alegría y de repente uno olvida que el sol se oculta detrás de una nube cuando se sumerge en ellas. Hay quienes olvidan que las palabras viajan como partículas celestes por una corriente que se recicla. Me gustan las palabras que arrullan, que calientan, que cierran heridas; las que se quedan en la imaginación febril del poeta y se anidan en un poema. Las palabras sirven para borrar las diferencias y con ellas desandamos los pasos para desenredar la madeja que quedo en la polvareda. Las palabras y los poemas son un arrebato, un remanso, una ecuación perfecta que nos hace tiritar. Me embriagan las palabras: cariño, ternura, mansedumbre, amor, fuego, tierra, agua, niño, mama, papá, hijo, Dios, vida; hago con ellas un montículo y me las trago. Las palabras rasgan el velo de los labios; salen como gorriones y se meten en los oídos.

"...
En vano! el Azur triunfa y le oigo cómo canta
en las campanas. ¡Alma mía, se hace voz
para asustarme más con su victoria artera,
y sale del metal vivo en azules ángelus!
..."

(Stéphane Mallarmé, El Azur)

Repique de campanas

¡Tan, tan, taaaaaaaaaaan!
Hay un dolor de poesía que arranca las lágrimas
y duele tanta soledad en un planeta lleno.
El dolor ajeno se dobla como se doblan en mi
alma las campanas.
Un pedazo de cielo perturbado
me lleva al gallinero ambulante
que fue perdiendo el co-co-ro-co-co-o-o de las
gallinas
y del gallo joven, majestuoso,
obsesionado en la gimnasia sexual,
con el rito ardiente del amor entre
sus plumas hermosamente sensuales.
¡Hay tantas cosas en el baúl de mi alma
y tanto dolor de mar en el que me hace tiritar!

"...Only by the form, the pattern,
Can words or music reach
The stillness, as a Chinese jar still
Moves perpetually in its stillness.
...″

(T.S. Eliot)

Delirio

Tus dedos huyen por los senderos
acompasados del sonido.
¡Oh, inmensa soledad sepulta la tristeza
y haz florecer en el piano una canción para los
paisajes yertos!
El oído se rinde ante el delirio que arranca el
rumor hinchado de tu garganta
y se clava en la pasión febril que desata el
vértigo del teclado.
Tu voz es un canto profundo que embriaga al
instrumento.
Palpitan las notas, Pan escucha azorado,
enmudecido, la cadencia
suicida de tu mirada, preludio de una melodía
que impregna los sentidos y giran y se vierten
en la cascada del concierto monorrítmico
de un corazón que galopa las praderas del
silencio.

"...
Tu júbilo está por encima de nuestro reino,
y apenas captamos su precipitado;
como la pura noche equinoccial de primavera
estás tú dividiendo entre día y día.
..."

(Rainer Maria Rilke, Al Ángel)

AT YOUR RHYTHM

I like when your voice travels my senses;
I like to evoke you because
when that happens,
I end up thinking about Serrat
who liberates the mannequin woman.
I like to witness the spirit that leans out of your pupils,
mischievous like children who swing themselves in the park.
I like to undertake life at your speed
and spill myself on you,
breaker of the floodgates of my rivers.
I like to listen your laugh knocking
down the boredom and avoiding suicide.
I like to see you free like the thunder
that makes the universe shudder the rain.
I like to go at your rhythm
because we arrive at unexplored paths
where your word conquers darkness

and fear.

I like to be the tabernacle
that keeps your creative gleams.
I like the fact that a poem is born
because of you.
I like you taking your land up
In the air to make nations
fall in love with it.

"...
!Oh, de la lluvia el sonido,
sobre el suelo y los tejados!
¡Oh, al corazón aburrido
su monótono gemido!
..."
(Paul Verlaine)

Winter rain

Trees cry the rain of winter;
a rumor of groans splits branches
and sleeping birds abandon the nest.

Trees cry the rain of absence
that floods the road of life
and I navigate in the ships of destiny.

Trees cry and a violin bleeds in melody
to harmonize the soul:
I evoke you and I conclude:
I never had him. Therefore, I didn't lose
nor win anything with his departure.

The sobbing of trees ceases;
Love, sword in hand, comes back to life;
the sun shines and birds return
to build new nets.

Rain

Absence rains and his rash effigy
rises from shadows;
black butterflies fly at the threshold
of love and the day weighs and hurts
because it brings the thread
of his soft voice that sounds
like an abandoned harp in the road.
Today everything has your smell:
the wind, my hair, the pillow, my breasts,
the my hips, the sea, my tongue and the stars.
Today the day has the smell of death.

"Recuerdo, recuerdo, ¿qué quieres de mí? El otoño
hacía volar al tordo a través del aire apacible
y el sol alanceaba sus rayos uniformes
Sobre el bosque amarillo donde la brisa cantaba..."

(Paul Verlaine)

RECUERDOS

Van llegando los recuerdos
y apabullan la memoria;
se golpean unos con otros,
y se vuelven mariposas.

Primer recuerdo:

"No me olvide Rodolphes
—dice muy quedo Madame Bovary—
y el muy bribón le jura amor eterno.

Segundo recuerdo:

Aparece Penélope tejiendo amores
de hilo en el banco y rendidas
a sus pies yacen las ultimas hojas
do otoño que Bécquer escuchó
en la nostalgia de la tarde.

Tercer recuerdo:

Se va apagando el amor entre sonrisas
y besos, y un quejido, apenas un murmullo,
se lleva la inocencia.

Figure 21: Junto a tres colegas: Sonia Castillo, Luz Brito y Carolina Moro que la acompañaron a un paseo estudiantil que la poeta organizó para un grupo de jóvenes, entre ellos Lisette Bonfante, la pupila que aparece en la foto.

*"Habla,
di tu palabra
y si eres poeta
eso
será poesía."*

(Leónida Lamborghini)

Areítos

¡Vengan a mí todos los hombres
y sáquenme de adentro
el llanto silencioso de las campanas
de los pueblos hospitalarios del planeta!
Sáquenme esta aglutinación de niños
que juegan con tierra.
Liberten los areitos, los tambores,
el laúd, el Cante Jondo, la algarabía
de los hombres sin fronteras.

¡Corran, apresúrense,
sáquenme el dolor dormido de Hiroshima,
los cadáveres de Bosnia,
el odio ancestral del racismo!

¡Vengan, recuperen el amor
que cruje entre mis venas,
salven lo bueno de la humanidad
que me habita porque el milenio
llegó sigiloso y se puede llenar
de espanto!

Arránquenle los niños a la Violencia,

rescaten a los zagales que yacen
cautivos en las redes del Internet
y de los juegos computarizados
que los condenan a un mutismo
mordaz incapaz de musitar:
mamá, papá, abuelo, amor, Dios.

Justifiquen ustedes los gobernantes,
los jueces, los educadores, los artistas,
los poetas, (...) la mudez y la violencia
colectiva del milenio.

"Speak,
Say your word,
And if you are a poet
It will be poetry."

(Leónida Lamborghini)

Areítos

Come to me all kind of men,
and rip from me the silent cry
of bells that reside in towns of hospitality.
Take from me this agglutination
of children who play with mud.
Liberate the areítos, the drums,
the lute, the Cante Jondo,
the racket of men without borders.
Run, hurry, rip from me the sleeping pain
of Hiroshima, the cadavers of Bosnia,
and the ancestral hate of racism!
Come, regain the love that creaks
in my veins; save the good part
of humanity that lives within me,
because the millennium arrived
quietly and it could be filled with trepidation!
Grab the children from Violence;
rescue the youngsters who live captive
in the Internet Webs
and in the hypnosis of computerized games
that condemn them to a pungent

silence which has mutilated words
unable to think: mom, dad, grandparents, love,
God (...)
Hey, you, judges, educators, artists, (...)
and poets, justify the muteness
and this collective violence
before the arrival of the millennium.

"
...
El cielo es una red cuajada de peces dormidos.
..."

(Pablo Neruda, Poema XIV)

Redes

Envidio a los buzos porque son peces
que llevan la vida a cuestas;
Envidio a los buzos que se beben el mar
Con los ojos y se preñan de corales,
De algas, de tesoros sepultados.

Envidio a los buzos porque les nacen aletas
en los pies y recorren sin temor
Los caminos turbulentos.
Envidio a los buzos porque el pescador
No los puede atrapar en sus redes.

"..."
El cielo es una red cuajada de peces dormidos.
"..."
(Pablo Neruda, Poema XIV)

NETS

I envy the divers because they are fish
that carry life on their backs.
I envy the divers because they drink
the sea with their eyes and fill themselves
with corals, with algae, with buried treasures.

I envy the divers because fins
grow on their feet and they travel
turbulent roads without fear,
I envy the divers because
the fisherman cannot catch
them with his nets.

Waves of Love

I like the Hudson River when it turns
smoky; I see emerging souls
when the Hudson ruffles its water
to create sea gulls of truncated flights.

The Hudson River has the look of Whitman
on rainy days; it has the look
of Edgar Allan Poe on cloudy days,
and it has the look of José Martí
when it turns sunny.

The Hudson River challenges
immigrants with its current
in their every day adventure.

I like the Hudson because its waters
melt the Intrepid, but when I like it
the most is when it washes
the Statue of Liberty with waves of love.

"La vergüenza es un sentimiento revolucionario."

(Karl Marx)

CARITA DESOLADA

Visité el pasado dormido
de la Habana,
las pirámides de Chichén Itza,
las tradiciones de Mérida,
la Muralla China,
los volcanes centroamericanos,
las calles de Harlem,
el esplendor europeo,
el sufrimiento de los peregrinos
medievales...
a través de la carita desolada
de un niño.

"La vergüenza es un sentimiento revolucionario."

(Karl Marx)

Disconsolate face

I visited the sleeping past
of Havana,
the pyramids of Chichen Itza,
the traditions of Merida,
the Great Wall of China,
the volcanoes of Central America,
the splendor of Europe,
The suffering of medieval pilgrims...
Through the disconsolate face of a child.

(Trad. Margery Sorock, PhD)

*"Cuán cómodos viven los demás entre poemas tibios
y permanecen, satisfechos, entre limitados símiles."*

(Rainer Maria Rilke, "A Holderlin")

OBSIDIANA

De obsidianas noches vengo;
vengo de amarillos insomnios,
de lunas cálidas vengo;
de soles muertos de frío;
vengo de despertar el pasado
que quedo dormido en tus palabras;
vengo de lugares áridos y fértiles.
¡Cansada estoy de venir de tantas partes!

"Cuán cómodos viven los demás entre poemas tibios
 y permanecen, satisfechos, entre limitados símiles."

(Rainer Maria Rilke, "A Holderlin")

OBSIDIAN

I come from nights of obsidians;
I come from yellow insomnias,
and warm moons;
I come from suns frozen to death;
I come from waking up the past
that fell as sleep with your words;
I come from arid and fertile places.
I am tire to come from so much places!

"...
Souvent dans l'être obscure habite un Dieu caché;
Et, comme un ceil naissant couvert par ses paupiéres,
Un pur esprit s'accroît sous l'écorce des pierres."

(Gerard De Nerval, *Vers dores*)

Perseverance

Where is God?
The atheist questioned,
and the walker looks at him
with sadness.
Where is God?
The atheist asks again,
and the walker traces a look circle
and lowers his head.
Where is God?
Repeats the atheist,
and the walker kisses the sublime blue
of the sky and takes the hand
of the atheist and their eyes travel Holland,
 Munich, (...) and Florence,
and the atheist still insists:

Where is God?
and the walker shows him the mountain ranges,
and they take a bath with the filigrees
of the golden light of Italy.
Where is God?

The atheist says very softly,
and the walkers points out the sleeping
monasteries at the peak of the mountains,
and the charmed towns that rest
on them and the atheist smiles
and elevates a prayer.

Poema IV

Más que la partida, duele la verdad
absoluta de la ausencia;
más que el amor que se desangra
por las piernas como un río,
duele el silencio;
más que los besos, duelen los versos
que se niegan a nacer
en el instante del naufragio;
más que nada, duele y duele
la interrogante de no saber quedarnos.

Figure 22: Defendiendo su tesis doctoral titulada "Polifonía, corporeidad y memoria en el universo poético de César Vallejo y de Blanca Varela" frente al comité formado por la Dra. Susana Reisz, directora de la tesis, y por las lectoras: Dra. Raquel Chang Rodríguez, y la Dra. Lia Schwartz Executive Officer of The City University of New York (mayo 29, 2008).

"Cuando anochece,
el peregrino alza silenciosamente los pesados parpados;
se quiebra un sol que brilla desde abismos tenebrosos."

(Georg Trakl)

EL PEREGRINO DE MI TIERRA

El exiliado forzado de mi tierra
se llena de coraje,
vende su cama, sus harapos,
hasta su yegua si la tiene,
lo vende todo para ir al extranjero
y se embarca con sus historias anejas;
se va y se queda el peregrino,
el desterrado de mi tierra.

En el trayecto se marea,
lo insultan, lo atropellan,
lo siguen múltiples dientes,
el sol lo agota, lo quema,
lo tuesta cual si fuera el café de abuela.
Así va el peregrino de mi tierra.
Llega más viejo a la borinqueña,
la angustia y la soledad lo desgarran,
aunque usted no lo crea.

El peregrino llega allá,
pero su meta es venir aquí,

traza nuevos planes,
rutas viejas y nuevas.
El sabe donde está su oro,
su azúcar y su maíz,
por eso, en grandes contingentes,
termina por llegar aquí.
El peregrino de Quisqueya
se encuentra con la muerte;
la vence, emerge,
pone una tienda, abre bodegas
pasea su Virgen, come pasteles,
disfruta su música...
Sí, aquí mismo baila merengue.

El peregrino de mi tierra
conoce al ectópago,
por eso le arranca el ombligo,
lo separa, lo injuria, y lo patea.

El quisqueyano peregrino
sale y entra,
vuelve a su tierra
abraza a los suyos,
pero no se queda.
El peregrino de Quisqueya
"*vuelve y vuelve*"
aunque muchos no quieran.

" Velas y vientos cumplirán mis ansias
en caminos dudosos por la mar,..."
       {Ausiàs March)

EL MAR

El Mar es un personaje misterioso
que nos asombra y nos cautiva,
es un vientre lleno de algas
y de tesoros sepultados en arcas siderales.
Es un laberinto de corrientes
y de olas que nos llevan a lugares
encantadores como América.
El Mar es una aventura de furia
que inventa tormentas instantáneas
para renovar sus torrentes vangoghianas.
El Mar es un mundo revertido;
es la simbiosis de la vida;
es un crujir de olas que se empinan;
es un murmullo prolongado;
es la IX Sinfonía de Beethoven
estremeciendo los arrecifes.
el Mar es el cementerio que ahogo el amor de
Alfonsina;
es el camposanto de yoleros
que no alcanzan tierra firme;
es ese trago salado que nos hace
beber la vida; es el naufragio
que vivimos cuando el amor se marcha

" ¡Oh, el amor de una madre, el que nada descuida!
¡Maravilla de pan que un Dios da y multiplica!

(Víctor Hugo)

(Dedicado a María Madera, mi madre)

Madre

Eres tierra, santuario, el oráculo de mi vida;
eres un camino sin zancadillas,
la carne bendita que me alimentó;
tú eres mi verdad.
Madre, eres una exhalación de amor
que se eterniza en tus hijos;
eres una escuela y de ti bulle
conocimiento.
¡Ay, madre mía, cuánto me enseña
tu silencio, tu pena y tu alegría!

"The brawling of a sparrow in the eaves,
The brilliant moon and all the milky sky,
And all that famous harmony of leaves,
Had blotted out man's image and his cry."

(William Butler Yeats)

Luna plena

Luna plena in caelo lucebat;
Id erat custodiabat a hic unus nox fulgebat,
Et ego a melior fortuna rogavit,
Multi stellas solus erant quod tu festinabat
In post the umbra mortuus,
Meu animus trubulenta erat,
Amabat the flos of vita qui nuntiabat
The mare equus qui navigabat
Attonitus mare tristi et mortem
The luna plena summersa in unda ingen
lacrimabat.

"Cuerpo, recuerda no sólo cuánto fuiste amado
ni tan sólo los lechos en los que te acostaste,
sino también aquellos deseos que por ti
claros brillaban en los ojos,
y temblaban en la voz – y los frustró
un fortuito obstáculo.
..."

(Constantinos Kavafis)

DOS CÍCLOPES INDEFENSOS

Más que dos torres, dos ciudades
mirando el cielo con una isla rendida
a sus pies; erectas, como dos atalayas
sino dos Cíclopes indefensos
rodeados de opulencia en una nación
ocupada en cazar emigrantes en la frontera;
dos historias chamuscadas
ante el mundo consternado
que las veía calcinarse en una mañana
infernal que vistió de negro a la Arrogancia
inquebrantable y a la Soberbia de un pueblo
que ahora ha hecho de la bandera
un amuleto que ondula
a media asta sus estrellas;
dos glorias de un imperio
"Todo Poderoso" que no pudo
evitar que le quemaran a sus hijos.

El resultado: la Inteligencia abochornada
ante una filosofía que pone el terror como regla

que marca un nuevo rumbo
en el sino de la humanidad;

sigilosos los escombros,
con el vientre aún humeante
mantienen cautivos los cadáveres
que en medio del estruendo y del fuego
no tuvieron tiempo para una despedida
un 11 de septiembre en Nueva York,
leyenda de un sueño
construido para impresionar
y hecho añicos para meditar.

> "...
> And haply the Queen-Moon is on her throne,
> Cluster'd around by all her starry Fays;..."
>
> (John Keats)

Bajo la luna

Nací fuera de época
y no consigo lo que busco:
un corsé que eleve mis senos
y que adelgace mi cintura sin bisturí,
mitones de seda,
un sombrero de soberbios penachos
con medio velo en el rostro,
un abanico de encaje,
la falda que acaricia la tierra;
nací fuera de época
y no puedo deslizarme bajo los alambres
para entregarme bajo la luna
al amante que acelere
mi respiración y mi pulso;
nací fuera de época
y el amor no se da en medio de dos siglos.

Abrojos

¿Quién no sabe que las sombras del mal
se baten como alas de quiróptero
sobre el **Bien** desde la eternidad?
¿Quién no sabe que la desventura humana
existe en la memoria ignota?
¿Quién no sabe que la codicia engorda
a pesar de la crisis que nos azota?
¿Quién no sabe que en este instante
mueren al filo de la desidia
cientos de miles de almas
que no alcanzaron para sus estómagos
ni de los peces ni de los panes multiplicados?

¿Quién no sabe que la juventud
pide a gritos un cambio en las escuelas
inhóspitas que tenemos?
¿Quién no sabe que andamos por el derrotero
equivocado sabiendo que dejamos
abrojos y desolación para mañana?
¿Quién no sabe que pese al **Mal** el **Amor**
germina
y no se extingue la posibilidad
de compartir los alimentos de la vida
en un mañana resplandeciente?

NO HA NACIDO EL QUE NO LO SABE.

"...
Era Acis un venablo de Cupido,..."

(Luis de Góngora, Fábula de Polifemo y Galatea)

Un bosque de orquídeas

Horma de mi vientre,
volcán sin derramar,
cetáceo amoroso,
paraíso de carne,
teorema varonil
te ofrecí el candil
que ilumina las estrellas;
la caverna donde Adán
y Eva llenaron la tierra
te ofrecí; la abeja reina, un arpa,
un bosque de orquídeas,
una corona de laurel,
la mariposa de mis curvas,
el guiño de la luna, un camino
hasta mi huerto te ofrecí;
 un venablo de Cupido,
el eclipse de mis pestañas
te ofrecí y enloquecí
al darme cuenta que te lo ofrecía todo
y me quedaba sin nada.

Figure 23: Compartiendo con unos amigos: Prof. Edna Meléndez, Celestino Cotto Medina (escritor puertorriqueño), Dr. Guillermo Linares y el prof. Wilfredo Alverio (junio de 2009).

Tus manos

No hay nada como tus manos
que retienen el calor de la vida;
que exploran los territorios eróticos;
tus manos están hechas a la medida
de mi geografía;
son sabias tus manos y de vuelos altos
como las alas de una mariposa sublime;
tus manos despojando las vestimentas
 de una figura femenina se vuelven
dos pinceles ávidos que pintan
Monalisas eternas;
son tus manos dos carreteras hermosas
que conducen al éxtasis;
se me antojan tus manos, una taza de café
y la luna que iluminó tu rostro.

"...
Este amor me hiere gentilmente
el corazón con un dulce sabor
[que] cien veces al día muero de dolor
y revivo de alegría otras ciento..."

(Bernart De Ventadorn)

EL AMOR ES UN INCENDIO FUGAZ

He comprado un GPS para llegar
a tu puerta sin extravíos;
he escrito la palabra Amor en la pantalla
y he emprendido la marcha a toda velocidad;
voy dejando atrás los árboles del camino,
y el terreno conocido; me interno
en lo remoto siguiendo al pie de la letra
los preceptos y las millas que
la topógrafa electrónica va indicando;
el amor es un incendio fugaz
como la gasolina que el coche quema;
la piel febril como el motor del carro,
los ojos atentos como el radar
del navegador que explora las señales,
las manos prendidas del timón
que gira en ellas como la tierra
que pisas; recorro todos los senderos
y no doy contigo a pesar de la precisión
con que te busco; no te encuentro
en ninguno de los puntos cardinales
que transito y arranco del tablero

del coche el GPS milagroso
que no da contigo
y lo zumbo por la ventana
y escucho el ruido agudo
de su caída en la autopista
como la estatua de Sadan Husein
y te sigo buscando a puro instinto
por convicción y por soberbia.

Figure 24: Acompañada de Bert Blanco, Director de asuntos estudiantiles, y Luz Palmero ex alumna de DeWitt Clinton High School.

EL PÁJARO DEL TENDIDO ELÉCTRICO
(Dedicado al mejor amante...)

La mañana se abre como un capullo primaveral. Huele a verde la mañana. La algarabía de los pájaros me despierta. A estas horas tú seguramente duermes como un macho cabrío. En cambio yo, te pienso intensamente en la víspera de mi partida hacia Londres. No quiero irme sin antes decirte que escribiré tu nombre en las cosas que me estremezcan. He empujado todo, lo he echado a un lado para ofrecerte este momentito lleno de vida y de frescor matutino. En el tendido eléctrico, que casi se puede tocar, estirando una mano desde la ventana frontal de mi recámara, un pajarito me mira y se balancea buscando el equilibrio vital; ilusa, como casi siempre, pienso que eres tú que has venido a desearme un viaje espléndido. Ahora cuando el pan se acaba de dorar en el horno, cuando la gente se ha levantado dispuesta a enfrentar el reto que la jornada diaria les impone, yo miro plácidamente de soslayo el pájaro y el río que se desliza por mi ventana mientras escribo estas líneas triviales y entonces, quisiera beberme la vida en un acto de temeridad.

Los árboles yacen semi- vestidos como amantes que ensayan el rito del amor. Discretamente desnudos presagian el triunfo primaveral que vence el frío y las continuas guerras sin sentido del diario vivir. Sorbo el café mañanero aferrada a que la existencia se eterniza y dejo el rastro de este día veintidós de abril plasmado segura de que Nueva York es una ciudad maravillosa que ha entristecido de espanto. Si todos los hombres de la tierra vociferaran hoy que el Amor ha muerto su grito sería en vano porque me he adelantado y he escrito nuestros nombres en el río y en las alas del pichoncito que hace un instante emprendió su vuelo para diseminar un mensaje amoroso por el aire.

Ya ves, sigo creyendo, desquiciadamente, en el amor, en la poesía, en el milagro de ver nacer diariamente un nuevo día a pesar de su muerte nocturna. Sigo creyendo en el Amor más pleno que se conjuga en la Naturaleza y la Poesía. Llevo por dentro, como un elixir sagrado que evita mi muerte diaria, los poemas que antecedieron tu génesis. ¿Sabes...?, sólo intentaba decir que te llevaré conmigo en este viaje y he dado tantos rodeos que posiblemente tú, aburrido de mi insensatez ni siquiera llegaste hasta estas últimas líneas. Pero si bajaste hasta aquí, permíteme recompensar tu tenacidad invitándote a que mires el sol que es una de las pocas cosas que siguen valiendo la pena.

Teonilda Madera nació un dos de diciembre en la República Dominicana. Se ha especializado en Literatura Española. En el 2008 obtuvo un doctorado (PhD) en filosofía en The Graduate School and University Center of the City of New York. Tiene, además, dos maestrías una en literatura y otra en Filosofía. Recibió el prestigioso *Willa Elton Memorial Prize for Excellence in Spanish Literature*. Integra el Círculo de Escritores y Poetas Iberoamericanos (CEPI) En 1992 asistió al IX Curso para Profesores de Orígen Hispano realizado en la Universidad de Alcalá de Henares (España). En 1993 obtuvo, con su poemario *Canela y miel*, la Primera Mención Honorífica en el XXX Certamen Literario Internacional Odón Betanzos Palacios. En 1994 formó parte de un equipo investigador auspiciado por la Universidad Columbia cuyo fin fue investigar la cultura prehispánica en el territorio mexicano. Ha publicado artículos y poemas en periódicos y revistas literarias, entre ellos, El Diario La Prensa, Meridiam, Relicario, Brújula, Baquiana, MaComére, Hola, Latinoamérica en Vilo, Boletín Cultural Informativo (Número Especial literatura Salvadoreña) Universidad Dr. José Matías Delgado, entre otras. Ha sido antologada en *Who's who Among American Teachers, Evas Terrenales, Moradalsur, Ensayos Críticos Sobre Escritoras Dominicanas del Siglo XX.* Ha leído parte de su producción literaria en Columbia University, en la Embajada Dominicana de Madrid, en la Universidad de Sevilla, España, en Saint Elizabeth College, en Saint Lawrence University, en la II Feria Internacional del Libro en Puerto Rico, en la tertulia Exotérica, en Middlebury College, entre otras. En el año 2000 fue seleccionada por la *Academia Iberoamericana de Poesía* para participar en la *Tercera Exhibición Internacional de Poemas Póster* realizada en St. Thomas Universty. Incluida en la antología *Poetas por El Salvador (Poemas paseo coral)* dirigida por Maria Poumier (2008). Ha sido traducida al alemán, al húngaro, al inglés. Sus libros han sido incluidos en cursos de maestría en Lehman College, Clemson University, y en el currículo de las escuelas secundarias de Nueva York. En 1995 publicó *Corazón de jade con lágrimas de miel*, en 1998 *Van llegando los recuerdos y en 2001 Sorbitos de café en paisajes yertos.* Tiene inéditos varios libros: un poemario, un compendio de cuentos titulado *Catedrales de humo,* dos novelas, y varias obras de teatro. Un camino carmesí es su más reciente poemario. Desde hace varios años reside en la ciudad de Nueva York.

ÍNDICE GENERAL

Introducción i
La critica y la obra poeta xxi
Prologue..xxx
Alfa y mega..2
Detonación...5
La camisa azul..6
El Camino de Santiago..............................10
The Road of Santiago...............................13
Temores infantiles....................................16
Mariposa dormida.....................................17
Sleeping butterfly.....................................18
Clunsy lovers...19
Amantes torpes..20
Fe pública..22
Labios cerrados.......................................23
Closed lips...25
Canción de cuna......................................27
Elegía por el progreso.............................29
Un hijo...30
Sólo dolor..31
Camino a la guerra..................................35
Hoy no estoy para nadie..........................38
Gemas...39
Un camino carmesí..................................41
Cuerpos diminutos...................................42
Small body...44
Así fue...45
Volveré a París..46
I will return to París.................................47

Circunsferencia de piedras..................49
Velo amoroso...............................50
Una palabra en la lluvia.....................51
A Word in the rain.............................53
La Franja de Gaza.......................54
Academia.......................................55
Rosarios y crucifijos apócrifos...............57
Como niños arrepentidos 59
Maternidad..................................61
Amanece.......................................63
Vía Làctea..................................65
Step by step................................66
Below zero....................................70
Una parcela en el cielo.....................72
Aguja para una herida.....................73
Nightmare....................................74
Laberinto de agua..........................77
Resurrección................................78
Escombros....................................79
Rubble..80
Piezas de cristal............................82
Tu juguete....................................84
Wedding's present..........................86
Un hombre que se borra....................88
Los prados de Cupido......................89
No es sólo un trabajo......................90
No alborotes el silencio....................93
Cola de langosta...........................95
Juego de la imaginación...................97
Una maleta..................................99
A suitcase..................................100
Irracionalidad..............................102
Tus ojos ebrios.............................104

Sorbitos de café..........106
Los poemas son gorriones..........108
Repique de campanas..........109
Delirio..........110
At your rhythm..........111
Winter rain..........113
Rain..........114
Recuerdos..........115
Areitos..........118
Areitos..........120
Redes..........122
Nets..........123
Waves of love..........124
Carita desolada..........125
Disconsolate face..........126
Obsidiana..........127
Obsidiana..........128
Perseverancia..........129
Poema IV..........131
El peregrino de mi tierra..........133
El mar..........135
Madre..........136
Luna plena..........137
Dos cíclopes..........138
Bajo la luna..........140
Abrojos..........141
Un bosque de orquídeas..........142
Tus manos..........144
El amor es un incendio fugaz..........145
El pájaro del tendido eléctrico..........147
Perfil biográfico..........149